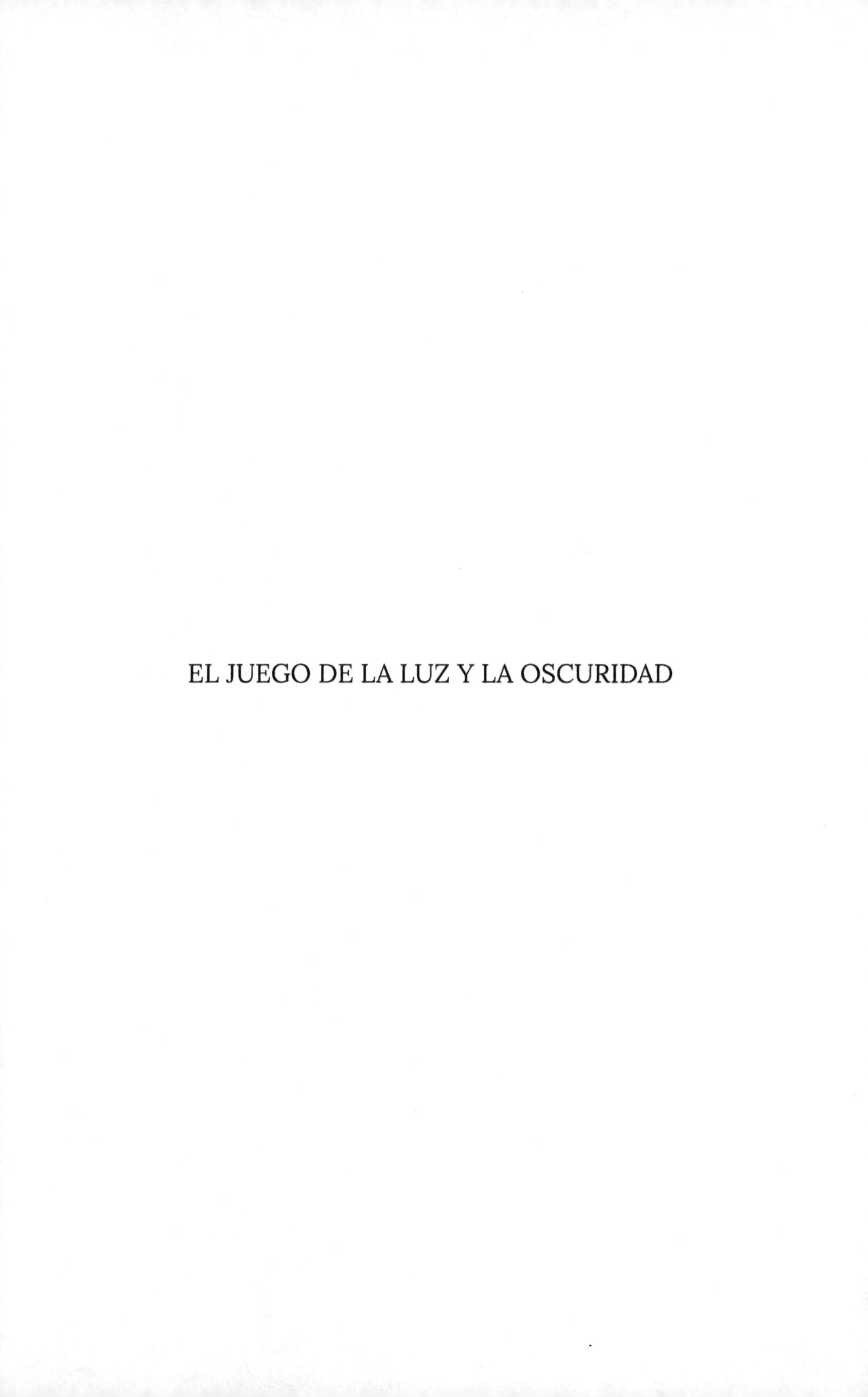

EL JUEGO DE LA LUZ Y LA OSCURIDAD

El juego de la Luz y la Oscuridad

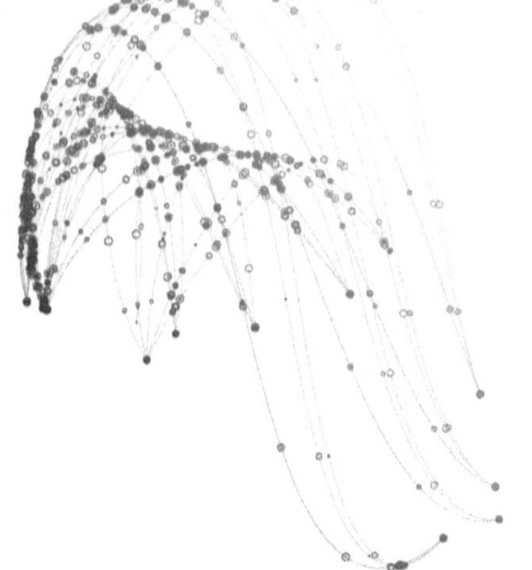

Claudia González De Vicenzo

somos estelares
EDITORIAL

La locura de una persona es la realidad de otra

Tim Burton

Agradecimientos

Quienes disfrutamos de jugar con los caracteres que representan los sonidos de nuestra lengua, muchas veces hemos sentido que combinarlos de las maneras convencionales puede ser poco creativo a la hora de articular palabras para referir a aquellas realidades que 'son de otros mundos'.

También, en tantas ocasiones hemos sentido que cada letra es mucho más que la representación gráfica de un sonido... Son las expresiones de un tropel de sensaciones, impresiones, alucinaciones y verdades... que están ahí... tan cerquita y a la vez, tan lejanas como la consideración de cada uno se permita contemplarlas.

Sin embargo, una de las experiencias que más nos hermanan a aquellos que gustamos de hablar escribiendo, es esa excitante parálisis de la 'hoja en blanco'. Sí, así nos pasa hasta que... ¡¡se hace la luz!!... Y en ese papel apático empieza a distinguirse la palabra GRACIAS.

Como un torbellino refulgente y mágico, el territorio cuántico genera una hélice resplandeciente que confluye en un punto específico del infinito manifestado... en un grupo de consciencias encarnadas en este plano para acercarnos el conocimiento y comprensión de esa otra realidad, la del mundo de las causas, que nos parece maravillosamente delicioso.

Más allá del delirio que nos enamora, con certeza sabemos que eso es sólo la lógica con que se organiza la información para mostrarnos en el momento adecuado lo que estemos prontos para albergar.

Si tuviéramos que llevar esta experiencia giroscópica a una equivalencia con la exuberante mixtura de nuestro gentil idioma, diríamos que, de todas las unidades lingüísticas dotadas de significado, hay una que es fractal e integración de la máxima expresión del Infinito que Somos.

Esa palabra que es tan versátil e incólume como para ser murmurada en ensordecedora afonía, gritada con toda la potencia que somos, dicha entre dientes cuando el ego travieso nos desafía, blandida como eco perpetuo... es... GRACIAS. ¡¡Gracias Gracias Gracias!!

Gracias a quienes, con cada latido, le dan más vida a las historias y experiencias que les compartimos, poniéndole vuestra preciosa y particular significación, desde los corazones valerosos y abiertos a insolentarse con lo establecido. Son las semillas que expanden la tarea que desarrollamos como compromiso de honor y dignidad en el Infinito que compartimos y Somos.

Gracias. Repetidamente gracias a quienes, aun considerando estas páginas una retahíla de dilemas disparatados, le ofrecen una oportunidad. Son el regazo de la Humanidad que crece y se fortalece.

Y así como Infinito somos Uno, en esta experiencia que compartimos en este aquí y ahora, cada uno somos imprescindibles, insustituibles, valiosas y preciosas piezas de este impecable rompecabezas que momento a momento vamos construyendo. Así, siendo lo máximo de nosotros en cada instante, en cada situación que nos compartimos desde ese infinito indivisible que somos, nos manifestamos en las particulares individualidades que en esta convergencia espacio–temporal elegimos ser.

A las Compañeras y Compañeros Facilitadores de la Conexión Cuántica que acompañaron el reto de ser Copilotos de Clau, los aplaudo y admiro con mi más alta consideración.

Ellos son:

Ariadna Aguilar Azamar

Rossana Barbero Lozada

Adrián Berra

Luz Ángela López

Keles Muñoz

María Teresa Posada

Silvia Quintana

Rafael Ramos Rodríguez

Adriana Rodríguez Salazar

Me complace completar este agradecimiento compartiendo las palabras de Claudia González De Vicenzo.

Vaya también el agradecimiento a todos y cada uno de los compañeros que formaron parte del grupo de investigación de Octubre, Noviembre y Diciembre de 2021 y de Enero de 2022.

Lo hacemos entre todos y juntando la vibración.

Gracias con el alma.

María Guadalupe Pairola

Mayo de 2022

Índice

La batalla termina cuando se logra integrar y sólo se logra integrar cuando se reconoce el valor de todos.

Claudia González De Vicenzo

Prólogo

¿De qué va esta investigación?

Ser facilitador de la Conexión Cuántica es acompañarte a entrar en la otra realidad entrando con vos, también.

Pero, ¿qué es la otra realidad?

Le llamo así al Campo Cuántico.

El Campo Cuántico es la dimensión de las causas que luego se manifiesta en efectos en esta realidad cotidiana ordinaria en la que experimentamos lo que llamamos VIDA.

Es un mundo de infinitas posibilidades potenciales que se mueven con independencia del concepto tiempo y espacio.

Es la dimensión anterior a la mente, a la emoción, a la astralidad y a lo físico. Es el mundo del sustrato que luego se va a convertir en densidad física con un astral, una emoción y una mente. El mundo donde todo es posible. El mundo donde creamos esta realidad.

Imaginate poder ir a ese mundo, observar el sustrato en estado puro y jugar con él para manifestar diferentes posibilidades.

Imaginate poder observar ahí y desde ahí lo que querés construir acá y traerlo para que se convierta en realidad.

Imaginate...

Ahora, dejá de imaginar y construí.

Aquí y ahora.

Dejando el ego afuera.

Con toda tu potencia y tu esencia energética.

Creá tu realidad cotidiana desde el mundo de las causas.

¡Podés!

Todos podemos.

La Conexión Cuántica es la herramienta que utilizamos para sumergirnos en el Campo Cuántico y crear el potencial de realidad que estamos listos para experimentar aquí y ahora.

Te invito a compartir un viaje de autodescubrimiento por el mundo de las causas.

Para eso te cuento lo que algunos de los facilitadores nos juntamos a hacer los jueves a la tarde, en grupo, para profundizar la formación y entrenamiento en Conexión Cuántica y para investigar la otra realidad.

Son sesiones de práctica permanente de la herramienta en las que nos adentramos en la otra realidad. Esto quiere decir que juntos viajamos por el Campo Cuántico. Yo voy de piloto y ellos, los compañeros, en equipo, van de copilotos.

Vamos todos juntos en viaje a otras dimensiones donde la realidad no ordinaria se presenta como quiere, cuando quiere, en el nivel que quiere y por y para lo que quiere.

Es nuestra tarea no sólo acompañarnos desde ese otro punto de vista a este punto de focalización que setea la horizontal que experimentamos, sino también suministrarnos la información que profundizará nuestro entendimiento de quiénes somos y qué estamos haciendo acá.

En este libro te voy a compartir las investigaciones que hicimos desde octubre de 2021 hasta enero de 2022. Te las comparto con las fechas específicas para que puedas asociar lo que está pasando en esta realidad mientras nos movemos en la otra. Y también para que compartas con nosotros el hilo conductor que nos lleva de aventura en aventura, mostrándonos un entendimiento que integramos en la memoria celular en cada viaje. Porque, de verdad, es un viaje de autodescubrimiento colectivo que hacemos en grupo y en equipo.

Entro de piloto. Vivo la experiencia en esa otra dimensión. Pero también la viven los compañeros. Todos y cada uno. A su forma. Con su participación individual. Con su comprensión y su entendimiento.

En cada sesión, alguno de esos compañeros hace de copiloto. Es decir, es quien acompaña el viaje de la Conexión Cuántica. Los otros compañeros son viajeros que coparticipan. A veces con preguntas. A veces en silencio.

Todos viajamos. En diferentes asientos. En el mismo medio de transporte: la Conexión, que nos lleva a mundos tan reales como este, pero en otro tiempo y en otro lugar. En otra dimensión. Tan concreta como esta.

Tengo que decirte que...

Aquellos que no escuchan la música piensan que los que bailan están locos.

Considerando el mundo en el que vivimos desde marzo del 2020, si me llamás loca, me siento mucho mejor que si me llamás cuerda y razonable. Aunque me da igual como me llames porque sé muy bien quién soy.

Así que, si en la lectura te sentís un poco loco, o loca, es normal. Nosotros también lo sentimos.

Sin embargo, no desistas. Cuando llegues al final, cada ficha va a caer en su lugar y todo va a cobrar sentido en tu interior.

El sentido que la partícula del Infinito que te define considere oportuno para vos. Ahora, vos tenés que hacer tu tarea. Y dejame advertirte que ¡no es fácil!

Pero ¿quién quiere que sea fácil?

Usualmente lo fácil es bastante aburrido.

Quitando las opiniones personales, es lo que es. Un viaje a tu mundo interno en el cual tenés que entrar por una puerta invisible que primero te quita tu piso habitual para luego reconfigurarte toda la estructura sobre la cual montabas su existencia real.

Y sí... es intenso y potente.

Es lo que es.

¿Te animás a subirte con nosotros?

Buenísimo. Entonces te comparto algunas ideas.

No voy a subir las Conexiones completas. Sólo la parte que cuenta la aventura. Respetamos la forma expresiva en la lengua materna y los giros gramaticales de cada uno de los participantes como así también el modismo personal o colectivo según sea el escribiente.

Al final de algunas investigaciones te comparto la charla en las que nos sumergimos los facilitadores luego de la sesión. ¡No tiene desperdicio!

Cada sesión parece una cosa, pero puede ser muchas otras. Te sugiero que la dejes en tu interior hasta tanto termines el libro y ahí todo comenzará a cobrar sentido en tu consciencia como si se tratara del efecto dominó que se apodera de tu existencia y le da sentido al conjunto completo.

Eso hago yo con las investigaciones.

Cuando voy de piloto, como estoy en un estado de consciencia alterado, no recuerdo bien lo que sucede. No vuelvo a tocar el material hasta la siguiente sesión en la cual comenzamos todo de nuevo.

Un compañero lo escucha y lo transcribe y lo guardamos ahí hasta la próxima. En la siguiente, pocos recuerdan qué fue lo que pasó en la anterior. Y desde ahí partimos. Es decir, desde la nada misma. Pero confiados en que vamos conducidos por un buen camino, el camino del Infinito que nos habita.

Luego, en algún momento, alguna alarma interna me salta y digo ¡hasta acá! ¡vamos por el libro! Y ahí todo comienza a tener sentido.

No soy yo. Es a través de mí.

No somos nosotros. Es atravesándonos.

Así se manifiesta lo que te estoy compartiendo.

Como un parto, el parto de tu parte, la que ahora florece.

Se dice por ahí...

Entonces de alguna manera esa parte femenina que hace de vasija, de contenedor, de inicio, es la que está relacionada con los sembradores y en realidad, la finalidad es que cuando todas esas batallas de conquista se acomoden, lo que va a prevalecer es esa energía de crear, de continuar, de sembrar... como que la supervivencia de la semilla que fue implantada por los sembradores es el lado femenino, porque es la que va a contener, sostener, apoyar, cuando todo se termine, cuando la batalla se termine. Porque dice que a la larga o la corta todo eso termina dentro del proceso.

Voy a organizar las Conexiones tal y como fueron acompañadas, cronológicamente, con algún que otro movimiento. Que el hilo de Ariadna te lleve a tu mundo interno en la forma personal en la que puedas recorrerlo.

A medida que vaya compartiendo la Conexión voy a ir haciendo comentarios para apoyarte en el entendimiento del proceso de Conexión y, si hace falta, de la información que va surgiendo.

Aunque creo que es tan clara que no requiere mayor detalle. Y, en última instancia, el sentido se lo ponés vos desde tu corazón.

Toda la investigación fue realizada usando la técnica de Conexión Cuántica.

Al respecto tengo que comentarte que, al hacerse el proceso se muestra la situación y al mismo tiempo se libera en el mundo de la otra realidad, el mundo de las causas.

¿Esto quiere decir que cada cosa que se muestra y se limpia en la Conexión tiene efecto en esta realidad?

Por supuesto, un efecto instantáneo.

¿Hasta hacer desaparecer una dolencia?

Sí. En capas, en tiempos, conforme los niveles involucrados en la dolencia.

Entonces, lo que se ha expresado en estas investigaciones a nivel colectivo ¿es lo que está sucediendo en la actualidad?

Sí, por supuesto.

Y las soluciones que se encuentran en las Conexiones a esas situaciones, ¿también tienen efecto en la realidad?

Claro, para eso lo hacemos. Para entender y resolver lo que está pasando, tanto a nivel individual −Conexión Cuántica entre un piloto y un copiloto− como a nivel colectivo −investigación en Conexiones realizadas en grupo−.

Es muy potente entonces.

Es lo que permitas que sea.

Gracias.

A ustedes.

Quiero decirte, también, que estas Conexiones de investigación son algo diferentes de las Conexiones individuales. Acá entramos a investigar, sin preguntas, a ver qué se muestra. Nunca sabemos con qué nos vamos a encontrar y lo que sea que encontremos lo experimentamos como viene.

Es una aventura impredecible. La vamos experimentando y sorteando paso a paso, sesión a sesión, en conjunto.

En la Conexión que acompañamos individualmente entramos a la otra realidad acompañando a un viajero –piloto– que trae un tema. Con lo cual siempre sabemos que vamos a revisar el tema que trae visto, desde el mundo de las causas. Es siempre un tema personal e individual mostrado específicamente para ese piloto. Usualmente tiene que ver con el copiloto también. Por eso llega ese piloto a ese copiloto. Esto nos hizo crear la frase: *vienen por nosotros.* Y así es. Traen justo el tema que nos está movilizando a nosotros, los copilotos.

Ahí está la magia en esto que hacemos. Aplica a las dos partes, estamos unidos en el viaje de maneras impensables.
Gracias, también, por eso.

Ahora sí, te comparto las Conexiones. Las conclusiones corren por tu cuenta.

Pero antes, dejame compartirte un poquito de la Conexión Cuántica. Aunque primero voy a contarte una historia.

Había una vez

Había una vez... todos los cuentos comienzan con el típico había una vez. Lo que voy a contarte no es un cuento. Es la vida que te habita.

Y eso que hubo una vez, sigue habiendo en vos mientras experimentes a través del cuerpo físico que estás usando aquí y ahora. Todo eso.

Vamos a la historia.

Había una vez un óvulo. Ese óvulo se formó en una mujer mientras el cuerpo físico se iba formando en el útero de su madre. Es decir que ese óvulo viene de la abuela materna acompañando el viaje femenino. De útero a ovario y de vasija a vasija, para convertirse en recipiente, otra vez. Una cantidad fija y determinada de óvulos que vivirán desde su nacimiento hasta el destino final de su viaje. Esperando recibir.

En otra parte de la historia, hubo, hay y habrá, un espermatozoide. La historia de ellos es más efímera. Pero no menos poderosa. Nacen de un impulso, se mueven desenfrenadamente buscando recipiente donde cobijarse. Si lo consiguen, tal vez logren ingresar y si no... da igual... vuelven a crearse tan pronto como son requeridos.

Al parecer cada uno de ellos, óvulo y espermatozoide, tiene una historia diferente, un sentido personal. Dar y recibir. Independientemente. Sin embargo, ninguno de ellos logrará cumplir su misión de vida si no se unen.

Puro potencial esperando ser manifestado en la unión e integración del dar y recibir.

Como el Tao. Un Ying y un Yang independientes pero que sólo logran darse sentido en la unión e integración. Y el darse sentido es dar sentido a lo que son en otro nivel de su existencia. Tao.

Pero, volvamos a la historia.

Todos venimos de ahí. Ok. Para ser justa con la realidad debo decir que no todos venimos de ahí. Pero esa es otra historia. Y no viene al caso aquí y ahora.

Somos el producto de la unión e integración de ese óvulo y ese espermatozoide. Es la historia que nos configura como cuerpo físico. Y esa unión e integración, como tantas otras que vivimos a lo largo de la existencia humana, nos habita. Mas conscientemente o menos. Pero ahí está. Configurando nuestra existencia humana.

Un óvulo vasija que conserva la historia mitocondrial. Un espermatozoide recién nacido que lucha una batalla consigo mismo y con sus compañeros para lograr la finalidad de su existencia: penetrar en la vasija para ser fagocitado.

Sí, somos producto de la fagocitosis del espermatozoide perpetrada por el óvulo.

Sí, somos el producto de la supervivencia del óvulo y la competencia del espermatozoide por su supervivencia y la conquista de la vasija.

Sí, somos el resultado de un conquistador fagocitado por una vasija.

Sí, lo somos.

Todos nosotros... o casi todos.

Pero somos el resultado de algo mucho más poderoso que esa batalla por la conquista.

Somos el producto de la integración y la unión de los opuestos complementarios que se integran en coherencia para lograr VIDA. Sí, vida, la tuya, la mía, la nuestra. Vida humana.

Y no andamos por ahí quejándonos por la dualidad y la fagocitación. La tomamos como algo natural, inherente a lo que somos. La integramos porque es lo que nos trajo a esta existencia y es lo que nos consume la existencia también. Porque ¿qué es sino la lucha entre el ego y la esencia?

Estamos hechos de historias. Biológicas y no biológicas. Historias que nos contamos, que nos creemos, que nos quejamos, que nos liberamos. Pero historias que nos habitan, al fin y al cabo. Que nos configuran.

Fractales de conquistas en dualidad que ¡por fin! en algún momento de nuestra experiencia humana lograremos resignificar como lo que son: experiencias.

Y es en ese momento que lograremos ser lo que somos: TAO. SER. INFINITO. LUZ. DIOS. TOTALIDAD. Como quieras llamarlo.

Mientras estás en el medio de la historia, sólo estás en batalla y si mirás para arriba lo único que podés ver son arcontes, lo llames como lo llames. No porque lo sean sino porque estás en la lucha.

Sólo te pido que vuelvas, aunque sea por un instante, a tu creación humana. Ahí donde guardaste la memoria celular biológica de quien sos como cuerpo físico. Ahí... luego de la batalla y la fagocitosis, sólo queda la integración y la unión que te convierte en humano. Y ser humano, en su base, es soltar la lucha, integrar los opuestos y VIVIR. Así, con mayúsculas.

Bienvenido al juego de la luz y la oscuridad.

¿Qué es la Conexión Cuántica?

La Conexión Cuántica es la herramienta que utilizamos para movernos en el Campo Cuántico.

Funciona de la siguiente manera. A través de una meditación –no es hipnosis– un piloto trae un tema –algo que le preocupa o quiere resolver– y un copiloto –facilitador de la Conexión Cuántica– lo acompaña a la otra realidad entrando por el mundo de la horizontal para sumergirse luego en el mundo de la vertical, darse un paseo por el mundo cuántico y solito responderse la pregunta que trajo.

Las sesiones se dividen en tres partes.

Una *charla previa* para dilucidar y entender el tema que le preocupa a la persona que viene a sesión. La llamamos piloto porque conoce, define y conduce el tema que le ocupa. Solo determina qué quiere ir a entender a la otra realidad.

La *Conexión propiamente dicha* que se realiza mediante un estado de consciencia alterado, en relajación, sin pérdida de consciencia y con total y absoluto uso de su poder en todo momento. Se divide en cuatro partes: relajación, visualización, conexión y cierre. De a poco el piloto se va adentrando en su mundo interno acompañado por el copiloto, que lleva el mapa del camino.

La *charla de cierre* donde se comparten las conclusiones del viaje.

En el proceso de Conexión se van haciendo preguntas. En la visualización, el piloto se sumerge en una aventura donde van ocurriendo cosas. El copiloto lo acompaña haciendo preguntas. La única finalidad de las preguntas es descifrar la escena en todos sus niveles. La única forma que tiene el copiloto de "ver" el mundo que el piloto está "pisando" es preguntar. Esas preguntas sólo son orientativas. Nunca inductivas o sugestivas. Buscamos evitar intervenir en el viaje. El viajero es quien ve, viaja, decide, acciona en esa otra realidad en la que se encuentra. Va solo en su viaje. Pero no va en soledad. El copiloto lo acompaña en todo momento, estando, pero como si no estuviera. Esa es la finalidad, aunque no siempre se logra con tanta pureza.

Las preguntas son las que, de alguna manera, mueven la acción. Si durante el viaje la pregunta no se hizo, la respuesta no aparece. Si no hay preguntas no hay respuestas. Por eso lo más importante en este proceso son las preguntas.

Si en una Conexión no se preguntó la totalidad de conceptos, siempre se puede volver a entrar para seguir preguntando. Aunque nada te asegura volver al mismo lugar o al mismo nivel de consciencia, por eso es tan importante aprovechar el recurso de las preguntas en tiempo y forma.

A lo largo de este camino he compartido Conexiones con muchas personas. De todas ellas hubo dos que han sido, para mí, las más adecuadas cuando se trata de las preguntas. Dos mujeres. Una de ellas era tan escéptica que preguntaba todo y de todo, varias veces y no se quedaba tranquila hasta que no comprendía la idea completa. Fue en el inicio del proceso. Gracias a ella y sus preguntas punzantes es que he aprendido a aceptar este proceso.

Si un proceso responde coherentemente las preguntas de un niño —así preguntaba, como un niño que se pregunta los porqués de todo— y esas respuestas no sólo le dan sentido, sino que además le despiertan otras preguntas que son respondidas con la misma coherencia e integridad, entonces el proceso es puro.

Confío plenamente en la Conexión Cuántica cuando yo misma ingreso en el proceso. Lo puedo comprobar desde el interior en todos los puntos de vista que se abren en mí cuando ingreso en esa otra realidad. Y lo confirmo con la consistencia, concordancia y congruencia de la información que va surgiendo en cada Conexión y en las relaciones que se confirman y reafirman entre cada Conexión sin que medie mi raciocinio ni mente.

Lo más interesante de las Conexiones se presenta, para mí, cuando pasa el tiempo. Es ahí cuando la información comienza a tener sentido integral.

Pero no hace falta que creas en estas palabras.

Te comparto las Conexiones para que saques tus propias conclusiones.

Bienvenidos al viaje del alma.

Si querés información adicional sobre la Conexión Cuántica, podés entrar en este link:

www.conexioncuantica.com.ar

El prototipo guerrero ario

14.10.2021

Copiloto: Adriana Rodríguez Salazar

Los humanos somos una raza sembrada en la Planeta Tierra. La Humanidad.

Nos pusieron los sembradores. Ellos son esencias infinitas, al igual que nosotros, que no ocupan cuerpo ni habitan planeta específico. Simplemente siembran semillas que otros estructuran. Los humanos somos las semillas de la Tierra.

Pero... ¿de dónde vienen esas semillas? Es una larga historia... Y... una vez que la semilla está plantada, ¿cómo se comporta?

En la Tierra hay 4 o 5 configuradores de conductas aplicables al diseño de los sembradores. Los Pleyadianos son una de esas razas. Han configurado a la raza aria, guerrera, prototipo específico para poder atravesar la batalla con los usurpadores, con la fuerza para recuperar el Planeta. Esos usurpadores no han sido sembrados.

Una vez terminada la batalla —a la larga o a la corta, todo se termina—, aparece la configuración femenina para contener y sostener la reconstrucción.

Estamos en ese proceso.

Estas son las respuestas a las preguntas. Hay más preguntas, muchas más. No se preguntaron esta vez. Ya llegará el momento.

¿Dónde te ves?

Sentada como en un círculo de tierra, en una tierra como muy abierta, como si fuera una tierra que no está seca pero tampoco está mojada.

Es como si fuera suelta. La puedo tocar con la mano izquierda, pero no la puedo tocar con la mano derecha

¿Por qué no la puedes tocar con la mano derecha?

Porque tengo el cuerpo como partido en dos. El cuerpo es como si fuera un esqueleto. Parece esos esqueletos de los días de los muertos en México. El esqueleto de la mitad derecha es más grande y el de la mitad izquierda es más pequeña.

Estoy sentada, tengo las piernas abiertas, apoyadas en el piso, pero la parte de la derecha está un poquito más alta porque es más grande y la parte de la izquierda es más bajita. La parte de la derecha es como de madera, muy clarita, muy suave. La parte de la izquierda es como de gelatina de color como bordó, enton-ces la parte de la izquierda sí se puede mover y tocar la tierra, pero la parte de la derecha está de madera, parece que no tuviera sensación.

Esto es muy interesante porque desde que comencé con este proceso de las Conexiones, hace muchos años, en varias oportu-nidades me veo dividida en dos. Entiendo que, simbólicamente, está mostrando las dos partes de un todo, la dualidad, lo feme-nino y lo masculino. Depende el tema por el que entramos resulta lo simbólico de la división. Acá, a medida que avanzamos, se pre-senta con mucha claridad.

¿Por qué es una parte de madera y otra de gelatina?

No tengo la menor idea.

¿Puedes explorar cómo se siente esa parte de madera y esa parte de gelatina?

Es algo raro, no hay sensaciones individuales, hay sensación de conjunto y la sensación de conjunto es rara, porque la parte de gelatina quiere ir para un lado y la parte de madera quiere ir para otro, pero como están pegadas no pueden hacer nada la una sin la otra.

Cuando te refieres a conjunto, ¿estás hablando del cuerpo?

Sí, claro. Es un solo cuerpo.

¿Ese cuerpo está solo en esa superficie?

Sí, está solo en esa tierra que tiene como si fuera un círculo marcado en el piso.

¿Conoces ese lugar?

No.

¿Puedes hacer una mirada alrededor y explicarnos el significado de ese círculo?

Es que... tengo el punto de vista en la mitad de ese cuerpo. Afuera de ese círculo es como si no hubiera nada, cero, vacío, negro.

Vamos a concentrarnos en el cuerpo, ¿cómo es la sensación en ese conjunto?

Eso es lo importante. Tengo el punto de vista como si fuera justo en el medio, como si fuera en el timo, entonces no puedo percibir como se siente uno y el otro. Tengo una percepción conjunta.

¿Por qué en el timo? ¿Lo puedes describir?

Es como si ahí hubiera un GPS que puede recorrer para todos lados, como si fuera una bola redonda que tiene ojos y que puede recorrer cualquier parte dentro o afuera, pero no puede salir de ese círculo ni puede hacer nada adentro de ese cuerpo, del esqueleto.

Ese GPS que está en el pecho, ¿lo quieres mover hacia algún lugar que te permita reconocer qué pasa en el cuerpo y a la vez, en el círculo?

Sí, podría moverlo para cualquier lado.

¿Quieres hacerlo para reconocer ese cuerpo?

Sí. Lo que sí reconozco es este cuerpo; es un esqueleto, mitad gelatina y mitad madera.

¿Ese esqueleto tiene algún género, masculino o femenino?

No. El esqueleto no tiene género, es un esqueleto.

¿Es como la estructura de ese cuerpo?

Claro.

Lo interesante de las Conexiones es que no dan cosas por sentado… no dan explicaciones detalladas. Algunas veces sí, si se pregunta específicamente. Pero, en general, la información es abierta, es decir, hay que deducirla de lo que va diciendo. En este punto del género se ve claramente.

Con ese GPS, ¿puedes hacer como un zoom o un scanner de ese cuerpo para contarnos por qué está esa división o esa diferencia entre la madera y la gelatina?

Es que no sé por qué el GPS, si mira para la derecha es todo de madera y está como si fuera de madera como lleno, entonces no se puede ver adentro. Y si miro para la izquierda es como gelatina, se ve la forma de cada hueso, es todo como una gelatina, sí se puede ver.

¿Cómo es la sensación de tener esa parte de madera y esa parte de gelatina?

Esa es la sensación rara, como estar dividida.

¿De qué es la estructura del esqueleto?

Una de madera y otra de gelatina.

¿El esqueleto también está dividido?

Claro. El esqueleto de madera no se puede ver, porque no se puede ver adentro de la madera, tiene como la forma y el de gelatina también tiene la forma, pero de gelatina.

¿Y la forma es humana?

Sí, la forma es humana.

En las Conexiones las preguntas son fundamentales. Nos vamos moviendo en la realidad que hay en esa visión a través de las preguntas. Este grupo de investigación tiene la finalidad de "investigar" pero también de perfeccionar la forma en la cual hacemos las Conexiones. Las preguntas son la base de una buena información, siempre.

¿Y si inspiras y exhalas conectando con ese GPS que está en la zona del timo y expandiéndolo?

No puedo inspirar y exhalar, es como un esqueleto vacío.

¿Como que está aislado y separado en ese círculo?

Claro, como si fuera sólo el esqueleto, un esqueleto que está dividido, en madera y gelatina, pero no tiene cobertura, ni órganos ni nada, lo único que tiene es la bola en el medio.

Hay otro elemento a considerar. Cuando se inicia el proceso la visión es un poco difusa y a veces borrosa. Se va mostrando una idea. Por eso no se pueden sacar conclusiones sobre las situaciones hasta no llegar al final de la Conexión. Es con las preguntas que se va profundizando en la idea hacia un lugar o hacia otro. Por eso una Conexión acompañada por un facilitador puede ser totalmente diferente de la acompañada por otro facilitador.

A cada uno le mueve una pregunta distinta. Sin embargo, con el tiempo vamos comprobando que es perfecto, llegamos a donde tenemos que llegar, con más o menos vueltas.

¿Ese esqueleto tenía vida?

Tiene como un movimiento, pero no tiene consciencia.

¿Puedes devolver el tiempo-espacio para encontrar el momento en el que ese esqueleto perdió la consciencia y se separó?

Nunca la tuvo. Parece que puedo ir al inicio. Parece que es como si fuera un tubo de ensayo, puesto para arriba, apoyado sobre la tierra. Un tubo de ensayo muy grande y parece que estaba la bola esa.

Al parecer esa bola es como una inteligencia artificial porque es como un GPS, como una pequeña computadorita, como un pequeño chip redondito.

Parece que eso está en la tierra y de la tierra empezó a crecer la madera y la gelatina, pegadas, como si de a poquito fuera creciendo y creciendo y tomó esa forma. Conteniendo a la bola, eso que fue creciendo iba conteniendo a la bola y la bola quedó adentro.

¿Y ese experimento quién lo creó?

Está raro, la bola esa está justo en el medio y en el medio le agarra una parte de madera y una parte de gelatina. Entonces la bola tiene alrededor como un espacio vacío, porque ahí es donde la bola se puede mover para ver todo, pero del lado de madera no ve y del lado de gelatina sí ve.

¿Qué ve del lado de gelatina?

Gelatina.

¿No ve del lado de madera porque está todo oscuro?

Sí, está llena de madera y del lado de gelatina también está lleno, pero al ser transparente tiene como una visión.

Este es un punto fundamental que siempre conversamos en las prácticas. La forma de pregunta abierta y la forma de pregunta cerrada. Cuando hacés la primera, te da espacio a continuar indagando. En este caso hubiera sido ¿por qué no ve del lado de madera? Este tipo de pregunta le permite al viajero abrir un mundo de posibilidades. La pregunta hecha sólo da espacio a confirmar o denegar, cerrando el mundo de posibilidades y razones. Proponemos preguntas abiertas como forma de ampliar la investigación. A veces, se nos pasa.

¿Podrías decirnos quienes están detrás de ese experimento? ¿Para qué hicieron este experimento?

Tendría que salir de la bola.

¿Puedes hacerlo?

Siento que no puedo, tengo la consciencia asociada a la bola. Parece que quedé también enganchada ahí.

Decías que ese enganche está relacionado con el círculo que está alrededor del cuerpo en la tierra...

Alrededor del cuerpo no, está la bola, hay un circulito, un espacio, después viene el cuerpo de madera y de gelatina, y después todo eso está metido en un tubo de ensayo. Es lo que marca lo que hay en la tierra, la base de ese tubo de ensayo, por eso no puedo ver más allá.

Cuando ves el tubo de ensayo, ¿desde qué lugar lo ves?

Desde la bola.

Esta es otra situación muy habitual. Se puede mover la consciencia hacia diferentes puntos de vista. Usualmente es desde dentro del cuerpo, pero también se puede poner la consciencia externa, como si estuvieras afuera viendo todo. Incluso podés tener parte de tu consciencia en el cuerpo físico en la cama en la que estás teniendo la sesión y podés rascarte, moverte, lo que sea...

¿Puedes explorar alguna forma en la que puedas expandir la visión o mover la visión en la bola?

No puedo salir de la bola.

¿Qué te impide salir?

No sé, estoy como metida de adentro.

¿Cómo es la bola? ¿Puedes describirla?

Sí, es una bola, una bolita, me hace acordar del robot de la guerra de las galaxias.

¿Podría tener que ver con la inteligencia artificial?

No sé.

¿Tiene algún material o textura?

Sí, es de metal y tiene como un ojo que da vueltas.

¿Puedes tocarla para reconocerla?

Es que me siento encerrada en esa bola, no puedo... no puedo...

¿Y si inspiras y exhalas profundamente?

Es que no puedo exhalar, estoy encerrada. Parezco Aladino —risas—.

Esa bola, ¿qué función tiene?

Parece que es la que le da como la configuración a toda esa estructura.

A la vez que te atrapa, ¿configura esa estructura del cuerpo esqueleto de madera y gelatina que está en el tubo?

Sí.

¿Es una representación de la situación en la Tierra? Puedes ir al origen de la consciencia, ¿en qué momento quedó ahí atrapada? ¿Quieres hacerlo?

No, primero quiero hacer unas preguntas. Me parece interesante saber qué tamaño tiene... ahora se paró. Me parece que tiene unos 50 cm de alto.

Otra opción que me sucede algunas veces es que puedo desdoblar mi atención. Puedo estar en la aventura, en el cuerpo, afuera del cuerpo y puedo también ir siguiendo las escenas para hacer algún tipo de pregunta que me parece necesaria. Así fue en esta ocasión.

¿Por qué se paró?

Parece que responde a lo que le pido. Es como Aladino.

¿Qué le quieres preguntar?

Parece que responde a lo que le pido.

¿Cómo se lo pides?

Telepáticamente, desde adentro de la bola. Es como Frankenstein, es como... ahora se expandió la visión. Estoy adentro de ese cuerpo ahí parada, adentro de ese tubo de ensayo, ahora sí puedo ver afuera del tubo de ensayo. Al pararme y al tomar consciencia de la consciencia es como que puedo empezar a comunicarme... Afuera del tubo de ensayo hay como seres, están todos los seres como mirando, parados ahí.

¿Quiénes son esos seres?

Eso, parece que puedo tomar contacto con esos seres.

¿Quieres contactarles?

Sí, podría. Son 1, 2, 3, 4, hay 4 mirando como si esto fuera un círculo y están parados mirando. Atrás también hay más, pero ahora estoy poniendo el foco en estos 4 que son como luces y muy altas, están como mirando qué está pasando ahí. No dicen, no hablan, no tienen...

¿Son energía?

Claro, son energía.

¿Te comunicas telepáticamente?

Sí.

¿Qué miran?

Están hablando entre ellos.

¿Escuchas lo que dicen?

Sí.

¿Lo puedes compartir?

Sí, que es como... es un buen inicio.

¿Buen inicio?

Sí, podría ser un buen inicio, que podría ser una buena adaptación.

¿Son los que están experimentando?

Sí.

¿Los conoces? ¿Los reconoces?

Sí, son los sembradores.

En muchas otras Conexiones han aparecido los sembradores. Imagino que alguna vez tendremos que compartir un libro con la historia de ellos, relatada a través de las diferentes Conexiones en las que han aparecido. Son los sembradores de la vida, por lo menos, de la vida en el Planeta Tierra.

Y atrás... ¿también son sembradores?

¡Atrás hay un laboratorio, hay máquinas, computadoras y hay también... mirá que interesante! Tubos de ensayo más grandes, más altos. ¡Hay como... 1, 2, 3, 4, 5, hay como 6!

Parece como estoy que yo soy, pero como diferentes estados del proceso. Hay uno más gelatinoso, prevalece lo gelatinoso. Es como una mezcla que la gelatina y la madera se va metiendo, es como raro, no me gusta, me da como asco... Hay otro que es como un ser más pequeñito, debe medir como 1 metro 50, es más parecido a un humano, pero la piel la tiene como toda arrugada, como un color más oliva, almendrado, más... no sé.

Ese que estás describiendo, ¿es también otro experimento?

Parece que son como fases. Lo interesante es que todos tienen 2 piernas, 2 brazos, como una figura 5: cabeza, brazos, piernas, después el de adelante... ¡ay! La de al lado es como la chica de la Conexión del otro día, la chica esa con unos ojos almendrados de color clarito, pelo largo de color blanco y rubio. Esa chica es un experimento...

Entonces estás en un laboratorio en donde hay distintos experimentos, en distintas fases y es un buen inicio... ¿de qué? ¿Es experimentación con la vida?

Sí, parece que la bola esa es como la célula madre, es un chip, al final es un chip. Como la célula origen que trae toda la información de la configuración.

¿Esa configuración en esa célula origen? ¿La madera y la gelatina que significarían?

Dicen que son simbólicos, como que la configuración va a ser un lado más flexible y un lado más contenedor y sostenedor. Un lado más transparente y un lado más oculto. Un lado más suave y otro más rígido o fuerte.

Acá habría que haber preguntado: ¿la configuración de qué? Pero, se dio por sentado porque ya conocemos esta información de otras Conexiones. Lo que están configurando es la vida, el tipo de recipiente que va a llevar la vida adelante en este lugar.

¿Más duro como la madera?

Sí, pero no es una madera fuerte. Es una madera muy suave, como una madera balsa. Se puede moldear fácilmente. El problema, dicen, que no logran resolver... Hay dos problemas básicos que no logran resolver: uno es la integración entre los dos elementos, esa es una problemática. Si bien es un buen inicio, no lo logran resolver. Y la otra, es la integración entre el chip, el GPS y la contextura, no parece que se logre integrar.

¿Podría decirse que el lado de madera corresponde al masculino y la gelatina al femenino?

Sí, pero no... es ánima y animus, son acciones. No es género, es acción. Son dos partes de lo mismo.

Ánima y animus, ¿y el GPS qué función tendría?

Es la configuración, es el código base, lo que le da vida, movimiento, es el CODEX.

¿Es el chip con la información? ¿Es como el paquete genético?, el ADN o ¿algo parecido?

Es como el sistema operativo, el Kernel, es todo. Sin eso es una madera o una gelatina, eso es lo que le da vida.

En informática, un núcleo o Kernel (de la raíz germánica Kern, núcleo, hueso) es un software que constituye una parte fundamental del sistema operativo, y se define como la parte que se ejecuta en modo privilegiado —conocido también como modo núcleo—. Es el principal responsable de facilitar a los distintos programas acceso seguro al hardware de la computadora o en forma básica, es el encargado de gestionar recursos, a través de servicios de llamada al sistema. Como hay muchos programas y el acceso al hardware es limitado, también se encarga de decidir qué programa podrá usar un dispositivo de hardware y durante cuánto tiempo, lo que se conoce como multiprogramación. Acceder al hardware directamente puede ser realmente complejo, por lo que los núcleos suelen implementar una serie de abstracciones del hardware. Esto permite esconder la complejidad, y proporcionar una interfaz limpia y uniforme al hardware subyacente, lo que facilita su uso al programador.

¿Cómo es ahora tu cuerpo?

Ahora tomó forma, fue creciendo. Ahora mide como un metro ochenta. Es un cuerpo masculino humano, pero sin pelo, muy atlético, como si fuera un prototipo.

¿Sigues en el laboratorio?

Sí, sigo ahí.

Ahora, ¿qué estás observando alrededor?

Ahora es como que tengo una consciencia un poco más ampliada, como que me dejaron salir del tubo de ensayo, como que puedo empezar a... Soy como raro, tengo un cuerpo más atlético, un prototipo de cuerpo del hombre humano, te podría decir, además, yugoslavo, ruso, así, pero sin pelo, ojos muy azules...

Ahora que eres ese cuerpo, ¿puedes detener la imagen para...?

Sigo teniendo un problemita con mi consciencia humana con este diseño. ¡Es igual al papá de Vicky —mi hija—!

En esta parte se mezcla la Conexión con mi personalidad humana y es un momento en el cual comienzan a correrse procesos paralelos. Por un lado, continúa la visión de la escena, por el otro se presenta mi ego observando una imagen que reconoce de esta vida cotidiana. Es inevitable dividir el proceso internamente, como si el disco fijo estuviera accediendo a dos archivos al mismo tiempo. Esto sucede a menudo en las Conexiones. Hay que volver el foco a la escena que se desarrolla.

¿Por qué se presenta esa imagen?

¡No sé!

¿Por qué se presenta, qué relación tiene?

¡Claro! Esto definitivamente hay que investigarlo, habiendo tantos hombres en el mundo, justo tengo que ver a este hombre, ¡así como con el que tengo una hija y 3 embarazos! Esto tiene que tener una relación, perdón me estoy metiendo yo, pero hay que investigarlo.

¿Por qué se presenta? ¿Qué relación tiene contigo ese cuerpo masculino que se ha presentado ahí?

Vamos a seguir, vamos a poner acá como un recordatorio porque ese es un punto muy profundo, vamos a dejarlo como recordatorio y vamos a seguir moviéndonos en la visión, lo que se va mostrando.

Dale...

Es una definición de un hombre ario, pero sin pelo.

Aparte de ese recordatorio, ¿podrías ver qué función tiene ese hombre ario?

Es un prototipo, voy viendo. Ahora los seres que están afuera empiezan como a tomar forma. Pareciera ser que el prototipo que tenían metido en el tubo de ensayo esos seres de luz, se lo entregaron ahora a una raza. Como que les dijeron ya tenemos a Frankenstein listo, ahora encárguense ustedes, entonces ahora se lo llevaron al tipito. Y estos que se lo llevaron son Pleyadianos, son ese prototipo, miden de 2 metros a 2 metros y medio, altos, delgados, con unos ojos muy parecidos a ese prototipo ario, muy parecidos.

No tienen configuración, no son masculinos ni femeninos. Parecen que se lo llevan y está acostado en una camilla, no es una camilla, tiene como algo que tiene algo que va para abajo, que sube a una camilla y lo tienen puesto ahí. Está con una tapa, que es como de vidrio, ahora saqué la consciencia de ese hombre y puedo observar desde afuera. Tienen a ese hombre ahí metido y están 2 tipitos, que no son ni femeninos ni masculinos, tienen como unos cositos de vidrio y están anotando cosas en esos cositos de vidrio, como si estuvieran programando al tipito.

Puedes parar un poco la imagen y decirnos si esos prototipos ¿son de la raza humana?

Sí, son prototipos humanos.

Decías que en el inicio cuando era pequeño, lo tenía una raza que se lo entrega a otros...

Sí, lo tenían los sembradores —no son una raza—. Parece que es como en capas. Los sembradores son los que siembran la configuración hasta que la configuración quede en el chip y después todo lo que es la programación de conductas o de movimientos o de acciones o del cuerpo parece que se lo dan a una raza, en este caso a los Pleyadianos.

Y los Pleyadianos, ¿son los que lo tienen en la camilla y están tomando nota?

No, tomando nota no, le están mandando programación que no va solamente al chip que le quedó en el plexo... ahí en el timo.

¿En el timo?

No, esa programación ya no va en el timo. El timo ya quedó programado por los sembradores. Esa programación de los Pleyadianos va a los centros energéticos, a los chakras y los nadis, como si ellos empezaran a programar toda una configuración, cómo va a funcionar, cómo se va a mover, dónde le pasa una cosa, dónde le pasa otra. Es como el Codex, el código, cómo va a ser el ADN, cómo va a configurar, qué gen le va a dar una orden a otro... parece que la genética de esa raza fue configurada por los Pleyadianos.

¿Ellos pusieron los chakras? ¿Son implantes?

Sí, son mecanismos de funcionamiento. No son implantes. Todo es un sistema, el sistema básico que es el Kernel de base, el Windows, IOS o lo que sea, lo ponen los sembradores, pero todo el resto de configuración de la plantilla lo pone la raza que va a definir esa raza. Por ejemplo, estos Pleyadianos son los que se hicieron cargo de los arios.

¿Y de las otras razas?

No, ellos no. A ellos les tocaron estos.

¿Eso significa que en el Planeta Tierra las distintas razas tienen distintos programas de diferentes razas?

Sí, configuraciones, vamos a decirlo. Una configuración que tiene que ver con una raza originaria, pero todos son de los sembradores. Y todos vienen con esa configuración básica: división ánima y animus, conexión con esa cosa en el plexo. Esa cosa que viene a ser un chip, un implante, una configuración.

¿Y por qué estás viendo a esa raza, a los Pleyadianos?

Porque parece que esos son los que tienen a su cargo empezar con el proceso evolutivo en el Planeta Tierra.

¿Puedes ver algo de las otras razas? ¿Están en ese mismo laboratorio?

No veo más que esto, no veo más que esta línea ahora. Es como que es la base, como que esto es el origen.

¿Puedes observar al tipito cuando le están poniendo los programas?

Sí, sí. Estoy ahí.

¿Qué estás viendo?

Como que me impresiona mucho.

¿Por qué te impresiona?

Porque es el cuerpo del papá de Vicky, me impresiona mucho.

¿Qué relación tienes con ese cuerpo? ¿Por qué lo estás viendo ahí? Lo habías dejado apuntado, pero parece que es muy importante que lo veas.

Sí, porque es como un prototipo, ¿se entiende? Es como un prototipo, como que viene de la configuración.

¿Qué relación tiene ese cuerpo contigo?

Sí, sí. Se abrió un montón, ahora empiezo a ver... se va mostrando como una historia. Es como que va así: acá empezó lo del cosito —señala a un lado—, acá está el tipito —señala otro lado— y hay un mapamundi del Planeta Tierra, que puedo ir corriendo para ir viendo escenas.Lo que veo acá —señala distintos lugares en el mapamundi— es vikingos y esa conducta toda guerrera y eso; después acá veo alemanes y toda esta cosa de guerras; acá veo croatas, serbios todos matándose con guerras mortales... y por acá veo rusos y la revolución rusa y toda una cosa, veo a los de Europa del este... como si tuvieran todos en esta configuración, como es toda una cosa de eso.

¿Cómo si fuera una configuración originaria?

Claro, es obvio. Sí.

¿El inicio?

El inicio, claro. Lo que hacen es el prototipo, que es como muy guerrero, muy vacío de contenido, como más la zona de madera que la zona de gelatina. Como que hay una historia de prevalencia de esa raza. Como si tuvieran que venir a implantar esa energía, una energía muy masculina, muy de batalla, muy de estereotipo alemán de la Segunda Guerra.

¿Y por qué te están mostrando eso? ¿Eso qué tiene que ver con vos?

No tengo la menor idea.

Estoy uniendo las Conexiones para escribir el libro. En este momento no tenía la menor idea en qué iba a derivar después esta Conexión. Estamos en el mes de octubre de 2021. En enero del 2022 se me ocurrió, así de la nada, compartir un video proponiendo la revisión de los genocidios de la historia de la Humanidad de manera de poder liberarnos de esa configuración que habita nuestra memoria celular. De hecho, comenzamos con Conexiones de liberación de la memoria de genocidio individual y colectivo. Todo está relacionado con todo. Y no recordaba esta Conexión. Sin embargo, obviamente ha sido la base para esa propuesta posterior que, me digo a mí misma, apareció de la nada...

¿Para qué los Pleyadianos están como sembrando estos seres con esta configuración tan fuerte?

Muy bien, porque parece que ese implante fue establecido porque están apuntando a un proceso en el cual va a ser necesaria esa personalidad. Una personalidad fuerte, guerrera, que pueda defenderse de la conquista.

¿De la conquista de quién?

Del Planeta Tierra. Como que necesitan eso, que el gen que se implante, que eso que ponen prevalezca porque es lo que va a asegurar que no sea conquistada la Tierra.

¿Que no sea conquistada por quiénes?

Por los otros.

¿Y quiénes son los otros?

Los otros es otra raza, es una raza mucho más grande que los Pleyadianos, tipo lagartos. ¡Se parece a una miniserie! −Ahí estoy yo, otra vez−.

¿Esa otra raza sale del mismo laboratorio?

No, no. Está muy bien, así pasa: los sembradores son como observadores de la situación, a ellos les da lo mismo cualquier cosa. Por eso cuanto más movimiento haya más divertido es el proceso porque ellos se dedican a crear, como si fueran Monsanto, a elaborar semillas, entonces da igual, cuanto más lío haya mejor, porque más semillas se van creando para diferentes acciones. Las semillas esas que van creando, hay 4 o 5 razas a las que se las entregan, por eso hay diferentes formas, cuerpos o diferentes estereotipos.

Las otras razas que no vienen de los sembradores, los lagartos, no tienen semillas; a ellos no les entregan semillas para que vayan... es como cuando vos estás jugando un juego y a vos te dan las fichas para que puedas jugar y a los otros no les dan. Vos tenés que conseguir las fichas como quieras... entonces los lagartos son los que no tienen las semillas para empezar a jugar, tienen que ir a robar las semillas que tienen otros, por eso empiezan a agarrar, a tomar, a querer meterse en esas semillas, las usurpan.

¿Eso qué tiene que ver o cómo ha afectado las relaciones en la raza humana, en las distintas variantes que hay de la raza?

Yo lo que preguntaría es ¿para qué? −otra vez me meto yo−, porque hasta ahora lo que vemos es toda la parte masculina, el prototipo, la configuración, las batallas, la conquista, la usurpación, son todas acciones masculinas. ¿Qué pitos toca la mujer? –expresión idiomática argentina–, la parte femenina, o el ánima. *¡Dale, pregúntalo!*

Bueno, es muy interesante… dicen que es la parte que toman los sembradores. Los sembradores dejaron deliberadamente esa parte más suave, la dejaron deliberadamente oculta y lo que le dieron es el poder más grande, porque si no fuera por esa parte no habría posibilidades de continuar la raza.

Entonces de alguna manera esa parte femenina que hace de vasija, de contenedor, de inicio, es la que está relacionada con los sembradores y en realidad, la finalidad es que cuando todas esas batallas de conquista se acomoden, lo que va a prevalecer es esa energía de crear, de continuar, de sembrar… como que la supervivencia de la semilla que fue implantada por los sembradores es el lado femenino, porque es la que va a contener, sostener, apoyar cuando todo se termine, cuando la batalla se termine. Porque dice que a la larga o la corta todo eso termina dentro del proceso. *¿Estas razas saben que los sembradores hicieron esto, que guardaron esa parte?*

No, no lo saben. Cada uno tienen la información hasta donde le dan.

Y esas razas que sí tienen los prototipos, ¿cuáles son? ¿Qué van a obtener de todas esas guerras? ¿Es un juego entre ellos?

Claro, es como la conquista. Cuántos planetas tengo, cuáles sectores me quedo, cuántas batallas gano, dónde prevalezco. Es como el TEG, como un juego que hay en Argentina, Táctica y Estrategia de la Guerra, cuántos sectores me quedo yo, porque ahí es donde experimentas.

Son razas experimentadoras, están en esa batalla, cuántos más territorios voy a conquistar con mi raza, dónde más voy a estar para crecer, para multiplicarme.

En estos dos problemas básicos que tenían los sembradores de la integración de estos dos elementos... si en esta parte del experimento en el que están ahí, ¿tiene que ver con la otra parte, con la que viene después de esta batalla, por decirlo así?

Sí, porque ahí es cuando se termina todo. La batalla termina cuando se logra integrar y sólo se logra integrar cuando se reconoce el valor de todos.

Esto es un juego, estamos jugando un juego a ver quién x, y o z. Y ahí es cuando es la integración final, porque es la integración con el chip.

Y en esa integración final, ¿qué relación encuentras entre este tipito ario que apareció a través de los Pleyadianos, vos y tu hija?

Sí, es como la conclusión. En definitiva, es una metáfora porque es la unión de lo femenino y lo masculino, de ese masculino guerrero con un femenino integrador y la conclusión de la raza es una mujer que integra, porque al final, es una mujer.

Es la mujer de la Conexión anterior —esta Conexión se acompaña a continuación— porque integra todo, que le da igual, que no hace diferencia entre una cosa y la otra, se logra mover en una comunidad implantando una nueva consciencia, una consciencia femenina nueva porque es una consciencia integradora entre lo masculino y femenino. Es una femenina como sembradora, no como género.

En esa consciencia integradora, ¿cómo serían las relaciones?

Sí, lo que pasa es que implica una apertura mucho más grande que las relaciones. Es una apertura de todo, es una apertura de territorio, de consciencia, de corazón, es una apertura completa. Y ese es el final del juego.

Pero, ¿iría básicamente sobre el cuerpo femenino?

No, no, no. No necesariamente, es un cuerpo casi sin configuración... como el prototipo.

¿Qué pasa cuando termina el juego y se logra esta integración?

¡Se vuelve a empezar! Es como preguntar ¿qué pasa cuándo terminás de respirar? Respirás otra vez y ¿qué pasa cuándo terminás de respirar esa otra vez? Respirás otra vez...

¿En el mismo planeta?

Donde sea, da igual.

¿Puedes ver en la Tierra si se está dando la integración en este momento con otras personas?

Hay un inicio del proceso, hay una tendencia hacia una nueva configuración.

Hablabas de fase, en la conquista en la Tierra, que terminaría cuando tenga que terminar. ¿Podrías decirnos si hay algún porcentaje de tiempo de cuando sería ese proceso en tiempos humanos?

No, no podría porque depende de la jugada en el juego.

¿De qué depende?

Todo depende de los jugadores del juego.

¿Y la Tierra en qué fase está en ese juego?

No sé cuáles serían las fases.

¿En qué momento está? Cuando estabas describiendo esas guerras, que veías el mapamundi y decías que por eso la configuración tenía esa energía masculina desplegándose y que pararía con la integración de la femenina, que eso iba a suceder, ¿podrías decirnos si hay alguna fase o momento ahí?

No, no. No podría decirte en qué fase está porque hay diferentes niveles con diferentes fases. Al haber diferentes etapas, diferentes experimentaciones en diferentes niveles con diferentes fases... el problema es cuando intentan analizar la situación en el Planeta Tierra es que lo ven desde la configuración del Planeta Tierra y cuando lo observan desde la configuración del Planeta Tierra se ve lineal, pero justamente el Planeta Tierra no es una experimentación lineal, es una experimentación multifacética.

¿Nos puedes explicar cómo se ve esa experimentación y esos distintos niveles desde esa multidimensionalidad?

Sí, hay múltiples situaciones moviéndose al mismo tiempo, múltiples operaciones, múltiples situaciones, como que cada uno puede experimentar lo que quiere, en todas las fases. En todas las fases quiere decir masculina, solamente femenina, solamente mixta, guerrera, no guerrera, contenedora, sostenedora, semilla, raza, conquista, usurpación, chip, inteligencia artificial, inteligencia natural...

¿Están relacionadas?

Eso es lo que se puede... a lo mejor de eso tendrían que tomar consciencia, cómo están viviendo cada momento cada una de las situaciones, porque también podrían vivirlo desde otro punto de vista o desde otro... otro, desde la múltiple opción que hay disponible en esta experiencia en ese planeta.

¿Ahora dónde estás?

Abierta...

¿Abierta? ¿En dónde?

En las diferentes capas.

Cuando hablabas de la multiopción, ahora que estás viendo las diferentes capas a que te referías, decías que podemos verlo, ¿quizás eso sería lo que tenemos que ver? ¿Las diferentes opciones que tenemos en las distintas capas y en los distintos espacios tiempos?

Sí, son infinitas. Infinitas, lo único que veo son infinitas capas hacia arriba, hacia abajo, como un laberinto con infinitas posibilidades y estoy ahí, con la consciencia ahí en el medio, en lugar de sentirme...

Si hay infinitas posibilidades, ¿hay infinitas posibilidades de resultados para este juego?

No existe el resultado.... inspiro, exhalo, inspiro, exhalo... ¿cuál es el resultado?

Y el fin de juego... ¿cuándo llega, con tantas posibilidades? ¿No existe?

No existe.

También comentaste que con todo este proceso cuando aparecieron los sembradores y dejaron ese punto oculto de la parte femenina de la conciliación, si nos situamos en esta experiencia humana, ¿cómo podríamos actuar o qué deberíamos hacer para poder sacar a la luz y reconocer ese poder para lograr el equilibrio y sacar todas esas programaciones que fueron escritas en la programación del humano?

Sí, eso es muy interesante porque no hay una respuesta global, porque como hay múltiples experiencias, no hay una respuesta global. Es una respuesta para cada experiencia. Entonces, ¿qué es lo que cada uno tiene que hacer? Depende de donde esté posicionado, cuál es el aspecto donde pone el foco. Sin embargo, hay como una cosa básica... que es esto que decían los sembradores en el principio, como hay dos elementos que son fundamentales: el primer elemento es dónde pongo la consciencia, si en la gelatina o en la madera porque al parecer no estoy logrando integrar; y el segundo elemento, dónde pongo la consciencia, si en esta dimensión o en el chip... ahí en el corazón, en el timo.

Entonces, si logro integrar esos tres elementos, porque ahí está la trinidad, a la que siempre se refieren, si logro integrar esos tres elementos es cuando de alguna manera termina el juego y pasa al otro nivel, porque logro integrar... pero paso al siguiente nivel donde habrá otra tríada, y paso al siguiente nivel donde habrá otra tríada y así infinitamente.

En ese proceso de ir reconociendo esa tríada, ¿en qué influye u oculta ese poder, todo eso que se carga en la 3D con el transgeneracional?

Son puntos de vista, cada uno de esos puntos de vista es un fractal de la misma situación. Fíjense que es la misma situación, porque la división de género es una división entre dos que lo que busca es integrar y la división del chip es una división entre lo que soy y lo que aparento, también es una división entre dos, que si se logra integrar y se logra integrar y se logra integrar, da igual porque todos son fractales. En algún momento nos ubicamos en alguno de los fractales porque de eso se trata el juego. De: en qué momento, en qué fractal.

Los sembradores cuando crean la semilla con el chip, ¿solamente entregan contenedores o contenedores con esencia?

No, sólo contenedores.

Y la esencia ¿de dónde viene?

Del mismo lugar que los sembradores, como si fuera un lugar... No es un lugar, es lo único que existe. Elijes en cada instante en qué holograma focalizas para experimentar...

Ahora donde estás, ¿sigues en el medio de las capas que estabas viendo?

Sí, abierta... abierta...

¿Cuándo estás abierta tienes algún cuerpo? ¿Alguna forma? ¿Cómo se siente?

Es que no siento. Estoy expandida, abierta...

¿Algo más llama tu atención? ¿Qué estás viendo?

Estoy viendo como un atractor, como un pequeño atractor.

¿Un atractor?

Sí, que no logro tomar...

Este concepto apareció en una Conexión del mes de febrero. Cada vez que hago esta tarea de comenzar a unir las Conexiones me conmueve profundamente la unión y el entrelazamiento que hay entre todas ellas. Se presenta una idea que se toma luego más adelante sin que medie el más mínimo control de mi parte. Amo este proceso.

¿Dónde está ese atractor?

El atractor es como una idea que está como queriendo aparecer...

Desde esa expansión, conecta con tu corazón y cuéntanos si esa idea o atractor aparece y pídele que se muestre tal cual es. ¿Cómo es la imagen?

Voy volviendo... ¡muy bien! ¡El atractor! Es un atractor...

¿Lo estás viendo?

Sí, lo estoy tratando de tirar...

¿Cómo estás intentando tirar?

¡Ay! ay... acá estoy... Lo tengo, lo tengo, el atractor, lo tengo. El atractor une el final de la Conexión anterior con esta, es buenísimo, es buenísimo.

———————————

Termina la Conexión.

Luego de la Conexión nos quedamos charlando un poco. Esto es lo que surgió luego.

El final de la Conexión anterior es la consciencia —está compartida a continuación—. ¿Por qué me quedé en esa vida y por qué vine a esta vida como humana? Para traer una consciencia, para implantar una consciencia. En la otra vida terminó porque logré poner esa consciencia, es una consciencia abierta —se refiere al mensaje de la Conexión anterior presentada acá a continuación—.

¿Por qué elegí al papá de mi hija? Porque es la base para poder empezar la consciencia que traigo a este Planeta. Es buenísimo...

Voy a compartirte la Conexión anterior porque viene al caso. Ha sido nombrada en esta y es importante entender la idea que se va hilando a través de la secuencia de Conexiones.

Te la comparto.

Implantando la nueva consciencia

07.10.2021

Copiloto: Rafael Ramos Rodríguez

Hay una nueva consciencia emergiendo. Es una consciencia femenina que se expresa en común unidad.

Por ahora está siendo domesticada y dominada por otros. Ella lo sabe y repite el modelo esperando que comprendan.

Pronto será libre.

Me veo. Veo que estoy como acostada en un... es como una tierra, pero es pedregosa... como si tuviera unas piedras. Tierra y piedras.

¿Cómo te sientes ahí? ¿Estás echada sobre esa tierra?

Sí.

¿Te sientes cómoda? ¿Es confortable?

¡No! No me siento cómoda porque tengo las piernas con unas sogas atadas al piso y las manos, también y la garganta, ¡también!

¿Tienes sogas que te atan tanto por las piernas, como por las manos, como la garganta?

Sí.

¿Esas sogas son de cuerda? ¿Qué tipo de sogas son, podrías precisarlo?

Sí, son como si fuera un cuero de animal, como si fueran sogas de cuero.

¿Como si fueran correas, parecidas a correas?

Sí, como si fueran correas y hay como un metal que las mantiene... están agarradas a ese metal y ese metal está clavado en esa tierra.

Ahí donde estás, ¿hay algún sonido que puedas escuchar?

Sí, hay como un sonido de viento. Como un soplido de viento.

¿Sientes esa brisa en tu cuerpo, de ese sonido de viento?

Sí, la brisa es como muy suave, pero el silbido es como muy fuerte.

Esas sogas que te atan, ¿sabes por qué te las han puesto?

Sí, porque estoy como en penitencia.

¿Estás como en penitencia?

Sí.

¿Esa penitencia sería como pago de algo que no deberías haber hecho y que estás pagando esa penitencia?

Algo así. Parece que es algo así.

Ahí donde estás, mirando todo alrededor, ¿es un espacio abierto o es un espacio cerrado, o es un habitáculo?

No, es un espacio semi abierto, porque estoy como arriba... parecería ser que como arriba de un monte y alrededor hay como si estuviera armado un círculo de piedras, por eso el viento que se escucha más arriba no llega tan fuerte a tocarme el cuerpo.

¿Puedes ver tu cuerpo? ¿Puedes ver tus pies?

Sí, puedo verlos.

¿Cómo son tus pies, me los puedes describir por favor?

Sí, son como los míos, es un cuerpo muy parecido al mío humano.

¿Sería un cuerpo de mujer, entonces?

Sí, es el cuerpo de una mujer. Es una mujer joven, con el pelo negro muy largo, como si fuera indígena.

Muy bien. ¿Llevas algo de ropa puesto?

Sí, llevo como algo puesto arriba, que también es como de cuero, pero como de cuero más suave que las cuerdas con las que me atan y llevo también algo como una falda, todo muy rústico.

¿Sabrías decirme en qué planeta te encuentras? Si es el Planeta Tierra o si es otro planeta.

No, no es el Planeta Tierra, pero es muy parecido.

¿Sabrías quién te ha atado ahí, a esa tierra con esas correas?

Sí, sí. Hay algunos que son los que hacen cumplir las normas, que hacen cumplir las normas.

¿A ti te habrían atado así porque has incumplido alguna norma?

¡No, porque he violado las normas!

Has violado las normas. ¿Sabrías decirme en concreto qué normas has violado?

¡Básicamente todas!

¿Es habitual que a la gente de tu pueblo los castiguen con esa penitencia cuando incumplen las normas?

¡Sí, pero parece que es habitual que me castiguen a mí! Como si esperaran que por ponerme ahí cambiara, pero no saben ya qué hacer conmigo... porque no comprendo esas normas... no comprendo... y como no las comprendo no las puedo respetar. Hay como un cacique. Está como dividido... podría decirte en tres. El sistema de organización, está el cacique – ¡creo que es mi padre! –, ese que sostiene la política del lugar. Después hay como un consejo, que son tres, que son los que llevan la legislación de lo que va sucediendo y establecen las normas, son... ¡son como legisladores, pero son también como jueces! Y después está el chamán.

El chamán es el que cura, sostiene, acompaña, el consejero, el psicólogo, una cosa así... Pero son todos hombres y ellos establecen las normas según lo que a ellos les parece y yo, como nunca me callo, bueno, creen que poniéndome ahí van a hacerme callar o van a hacer que me acomode a como son las normas que ellos mismos imparten. ¡Ellos eligen y ellos mismos imparten!

¿Aproximadamente qué edad tienes?

19.

¿Es una forma continua, ha sido una forma continua de castigo, de penitencia por no cumplir las normas?

Sí.

Y en concreto, ¿qué norma es la que has incumplido esta vez y por la que te tienen haciendo esta penitencia?

¡Porque había que ir a cocinar!

¿Esas normas estarían basadas en un sistema de patriarcado?

Sí.

¿El papel de la mujer ahí quedaría como secundario?

¡No, ni siquiera es secundario, es nulo!

¡Es nulo! ¿Y eso es lo que a ti te rebela y como mujer, intentas con tu forma de actuar, intentar cambiar eso de alguna manera?

Bueno, no sé si cambiar... ¡No sé si cambiar yo! ¡Me rebelo a lo que me molesta! ¡Tampoco ni siquiera sé si quiero lograr algo, me rebelo a lo que me molesta!

Muy bien. Y lo que no comprendes de esas normas, ¿es esa diferencia que hay en el trato a los hombres y en el trato a las mujeres?

Ni siquiera lo veo de ese lugar. ¡No comprendo que unos pocos tomen decisiones sobre todos!

¿Esas normas se aplican igual para los hombres que para las mujeres de tu pueblo?

No. ¡No!

¿En ese sentido los hombres tendrían ventajas o normas más benévolas con ellos que con las mujeres?

¡No! Ellos tienen también sus normas que son bastante rígidas. Pero la situación es que hay normas para todo, pero son unos pocos los que establecen las normas para todos y eso no está bien porque no hay consenso, porque no permiten que cada uno... ni siquiera... porque no permiten. Porque eso es el problema fundamental: el permitir o no permitir. ¿Por qué hay que permitir o no permitir?

¿Sabrías decirme por qué se te está mostrando esta escena?

Sí, porque es la misma filosofía que voy sosteniendo a lo largo de las experiencias.

¿Para qué se te estaría mostrando esta experiencia en concreto?

Para que revise si es la mejor forma.

¿Estas normas siempre han funcionado así desde que se tiene recuerdo en este pueblo?

Desde que yo aparecí en este pueblo, ¡sí!

¿Comentabas que tenías la sensación que tú eras la hija del jefe de esa comunidad?

Sí, parece que sí. ¡Por eso es que los castigos para mí son como más ejemplificadores!

Por tanto, esa relación con tu padre, ¿es una relación siempre de enfrentamiento?

¡Sí, y eso es lo más grave porque el padre no puede entender por qué su hija es la que se rebela!

Y la relación con tu madre, si la tienes, ¿cómo es?

No, no. No tengo madre.

No tienes madre. Comentaste que apareciste en este pueblo, en esta comunicad, ¿en qué circunstancias? ¿Naciste o cómo fue que apareciste?

¡Sí, nací, nací, pero parece que mi madre murió con mi nacimiento!

Muy interesante. ¿Te procura alguna emoción que tu madre haya muerto con tu nacimiento? ¿Sabes exactamente por qué murió?

Sí, parece que no logró sobrevivir... tuvo un problema con la placenta... con la placenta, cuando nací se desangró.

¿La forma de nacer es de forma humana, por parto?

Sí. ¡Sí, lo que pasa es que no hay uno a uno, hay globalidad!

¿Puedes explicarme mejor por qué no hay uno a uno?

¡Sí! ¡Todos se relacionan con todos, es una consciencia colectiva, entonces todo se relaciona con todos!

Muy bien. ¿Te parece que pudiéramos hacer las preguntas abiertas y que intervengan otros facilitadores?

Sí, podría ser.

¿Podrías hablar con tu padre para entender el por qué y para qué de ese sistema de normas y que el poder esté en manos de unos cuantos?

Sí, podría hablar con él.

¿Te gustaría preguntarle?

Y qué, ¿qué le pregunto?

Ya que es el cacique del pueblo, la persona que más poder y mando tiene, ¿por qué está funcionando ese sistema? Todo lo que te gustaría a ti saber...

Bueno, esa fue una de las razones, esa fue la razón por lo cual terminé acá, la primera razón por la cual terminé atada en este lugar. ¿Quién soy yo para cuestionar al cacique?

¿Hay alguna persona con la que se le pueda cuestionar?

¡No, al cacique no se le cuestiona!

¿Él establece directamente las normas?

Sí.

Al mismo tiempo que establece las normas ¿las modifica cuando él quiere también?

¡Sí, tiene como estos tres, ese consejo que a veces opina, pero la última palabra siempre es la de él!

¿Por qué y para qué hay un cacique que determina lo que tienen que hacer los demás?

¡El cacique dice que es para protección!

¿Protección de qué y de quién?

De todo el pueblo.

¿De qué hay que protegerlos?

De los otros pueblos.

¿Hay guerra entre los pueblos?

Sí, a veces sí.

¿Cuál es el motivo de esas guerras?

¡Lo mismo, siempre lo mismo, a ver quién tiene el poder! ¡Y son siempre los mismos! ¡Hombres! Por lucha y conquista del territorio.

¿Lucha y conquista del territorio y para sometimiento de las normas de cada pueblo? ¿Puede ser?

Sí, para la conquista del territorio. La conquista del territorio da más poder.

¿Cómo es elegido ese cacique? ¿Quién le otorga la autoridad?

Bueno, también es a lo bruto, parece que es el que tiene como más fuerza. Parecía ser que hay como una... este es el problema conmigo, parecía ser que hay como una fuerza energética, como un campo energético, como una presencia energética.

El cacique es el que tiene esa fuerza y esa potencia energética y entonces todo el mundo acepta esa fuerza y esa potencia. Y el problema conmigo es que no reconozco esa fuerza y esa potencia... no reconozco...

¿Qué pasa con tu potencia energética en relación a la del cacique?

Que mi potencia energética no se basa en el poder de uno, se basa en la totalidad, en el conjunto. Esta es la lucha de poder, en definitiva, termina siendo una lucha de poder, porque el cacique quiere seguir sosteniendo... creo que es porque el paradigma siempre fue así, entonces les da miedo cambiar. Le da miedo cambiar a él y les da miedo cambiar a todos, porque creen que así las cosas siempre se hicieron y así funciona, y yo vengo a traer como una energía de "¿Por qué siempre se hizo así? ¿No podemos probar de otra forma?" ¡Entonces es como una... Si fuera en esta época, sería como una herejía!

¿Esto sería la explicación de la consciencia colectiva que decías antes?

Eso es lo que me genera como disidencia o disociación, porque si fuera una consciencia colectiva sería una consciencia colectiva de consideración del valor de cada uno de los integrantes y esta es una consciencia colectiva de manada, donde hay uno que domina, como si fuera las abejas y la abeja reina. Una colmena, una consciencia colmena, donde está el cacique y todas las abejitas.

¿Hay más gente que le pasa lo mismo que a ti?

No.

¿Estás sola ahí?

Sí. Porque me parece que mi mamá no era de ahí.

¿Por qué habrías llegado tú ahí, a ese espacio, a esa sociedad en la que funciona con una consciencia con un alfa dominante y que establece la supremacía? ¿Por qué habrías llegado ahí?

Para iniciar el cambio.

¿Y lo estás haciendo?

Bueno, así.

Revisando la forma en la que te comportas, ¿sería esa la forma más adecuada de iniciar ese cambio?

No encuentro otra forma.

¿De dónde era tu mamá?

Mi mamá era una... una... no me sale la palabra... mi mamá no era de acá, mi mamá era un implante.... mi mamá fue un implante extraterrestre en una mujer de la tribu, mi abuela.

¿Ese implante que función tenía? ¿O para qué fue creado?

Porque ese era el rol, mi mamá era la que iba a empezar el cambio, por eso fue la que se juntó con el cacique, la que tenía más cerca del cacique.

¿Él se enamoró de ella?

¡Sí, porque ella era distinta! ¡Mi mamá era distinta, pero ella tenía la habilidad de la seducción y de la negociación!

¿Y tú no? ¿No eres diplomática?

No, yo no. Porque ella no pudo resistir su genética al ser distinta de la del clan; cuando dio a luz, no pudo resistir.

Decías que había un implante de extraterrestres. ¿Puedes ir a ese momento e investigar quiénes son esos extraterrestres?

Sí.

¿Puedes darnos más informaciones acerca de esto?

Sí, son los sembradores. Los sembradores... lo que veo ahora lo veo desde afuera y es mi abuela, mi abuela era joven y tenía 3 hijos varones. Mi abuela es la mujer del chamán y ella ya tenía 3 hijos varones y vino uno de los sembradores, cuando mi abuela dormía, y después de estar con mi abuelo, implantó un óvulo fecundado en su útero.

La eligió porque de la tribu eran los únicos que eran monógamos, el chamán y la señora, porque el chamán decía que para conservar su energía no la podía desparramar en todos lados y tenía que usar muy eficazmente y eficientemente su energía, por eso estaba sólo con mi abuela.

¿Y en el caso de tu mamá?

Esa fue la hija que tuvo. Lo que pasa es que era distinta, muy distinta, porque ella era... Su origen era estelar.

¿Y con el cacique, que es tu padre, ahí no se respetó la monogamia?

¡No, no, no! ¡El cacique no era monógamo!

¿Qué pasó con el cacique?

No, el cacique tiene energía de conquista.

¿Y qué pasó con tu mamá?

Por eso mi mamá no resistió. Ella tenía una energía y una vibración muy particular, no sólo por venir del chamán, ni de su esposa, sino también por venir de otra configuración energética.

¿Tu abuela vive?

Sí, mi abuela vive.

¿Cómo es tu relación con ella?

Mi abuela no supo qué hacer conmigo tampoco. Es muy difícil sostener los vínculos en ese esquema porque, si bien mi abuela es distinta, depende de la idiosincrasia del pueblo.

Volviendo a los sembradores, nos contabas, si lo he entendido bien, que establecieron la estrategia de implantar a tu madre para iniciar ese proceso de cambio.

Sí.

¿Se podría decir que hay una revisión en ese proceso? ¿Tienes algunas informaciones, nos podría conectar con ellos... si tienen pensado o está establecido hacer alguna revisión o si se pudiera dar ese cambio tal y como ellos lo tenían previsto? ¿Tendrías alguna ayuda adicional, quizás podrías bajar alguna información sobre esto?

Podría, podría comunicarme con los sembradores, por ejemplo.

¿Así lo deseas?

Que no, que no, que ya está. Que el experimento ya está iniciado, entonces, así como no se pudo evitar la muerte de mi madre, no se puede evitar.

¿Cuándo se va a terminar el proceso de los sembradores, se habrá madurado la siembra o cuándo van a cosechar el producto de lo que sembraron?

No, ellos no se dedican a cosechar, ellos son como experimentadores, entonces siembran el producto original, ven cómo va evolucionando, cuando ven que es necesario hacer algún cambio, insertan algún elemento de cambio, como con mi madre, y después ven cómo va evolucionando.

Ya no, no se meten, ahora con la inserción de mi madre transformó la configuración y entonces ahora hay que esperar a ver cómo la configuración va moviéndose, va derivándose, va acomodándose... como que tal experimento es en pleno desarrollo y entonces no, no se meten.

¿Toda esta información a la cual has accedido te resulta útil para la situación en la que estás atravesando?

No sé que es útil, ¿cómo podría valorar?

¿De cara a las estrategias que estás implementando?

Es que ya lo dije, no estoy implementando ninguna estrategia, simplemente estoy siendo lo que soy, ese es el problema.

¿Tienes las posibilidades de salir de ese poblado hacia otro que tengan unas normas más acordes a lo que tú sientes?

Podría ser esa una opción, pero no sé si es peor el remedio que la enfermedad porque hasta ahora, de la energía de los otros poblados, lo que he visto es más salvajismo todavía en los intentos de conquista.

¿No hay nadie como tú en otros poblados que piense diferente?

No podría decirte porque no conozco a los otros poblados más que los que llegaron a intentar conquistar.

Tú has comentado que el sistema de relacionarse es todo con todos.

Abierto.

Abierto. ¿Quieres decir que el concepto de pareja existe ahí?

No.

¿Los que fueron pareja, fueron tus abuelos?

El cacique no, el chamán sí, pero ni siquiera pareja por una cuestión de considerar al otro, es por una cuestión de individualidad, tengo que cuidar mi energía, entonces...

¿Eso qué información se podría entregar con respeto al concepto de pareja que se maneja acá en la 3D?

¿En relación al concepto de pareja humano?

Claro.

Bueno, yo podría contarte como es ahí, es que tampoco es una cosa que me ocupe. Lo que me ocupa es el concepto de individual o colectivo y lo que me ocupa es que no hay consciencia colectiva, hay una consciencia individual y bueno, sálvese quien pueda, pero todos hacemos lo mismo.

Parece que la consciencia colectiva es de lo individual y no de lo colectivo y eso es lo que tiene influencia sobre la idea de relacionarse uno con otros, no se relacionan desde la empatía de uno a uno, se relacionan desde la individualidad. Eso es lo que me subleva, eso es lo que me subleva en esa comunidad.

¿Eso podría ser uno de los conflictos de pareja que se ven aquí en la vida humana? El individualismo entre...

Claro, por algo se muestra esa situación, este es el mensaje, lo que sucede en esa población es lo que se está mostrando.

¿Tampoco se habla de amor ahí?

No, de supervivencia básica.

Claro.

¡Y todo el día que...! y hay... es... no me sale la palabra... una necedad... porque es inútil que quieran seguir estableciendo la misma sentencia o castigo si no producen los mínimos efectos. Produce el efecto en la manada, porque la manada cuando ve el castigo, no quiere percibir ese castigo... pero en mí no producen los mínimos efectos, porque me castigan e igual voy a hacer igual y otra vez me castigan e igual voy a hacer igual... y entonces es como un círculo vicioso en lo que están... Parece que es como si fuera una lucha de poder entre el cacique y yo.

Con esa información que tienes, sabiendo que tu linaje es de los sembradores y también chamán y tienes ese conflicto con el cacique y de la repetición, ¿puedes ver o sentir alguna alternativa o alguna forma de soltar esas cadenas, esas cuerdas que tienes y esas repeticiones?

No, las cadenas después las sueltan. Cuando pasan 24 horas, vienen y me sueltan. Nadie dice nada, todos callamos y hasta la siguiente situación.

¿Cómo te hace sentir esta situación? ¿El pasar y repetir eso una y otra vez?

¡Aburrida! ¡Agotada!

¿Hay forma de que te adelantes en el tiempo para ver si se generó algo diferente o cambió algo con tu presencia ahí?

¿Después de cuánto tiempo?

Hasta donde creas conveniente.

No, no, no creo conveniente.

¿Unos dos años más?

Bueno, con dos años más estoy como peor, porque estoy atada en el mismo lugar y toda lastimada.

Si te adelantaras hasta el momento previo a tu muerte, ¿qué puedes observar de la situación?

Sí, estoy en otra... Sí, ya no estoy en este pueblo, estoy en otro pueblo, mucho más pequeño.

¿Cuántos años tienes?

Como 60.

¿Es decir que viviste hasta los 60 años, por ahí?

Sí.

¿Y estás ya en otro pueblo?

Sí.

¿En un pueblo con la misma ley y la misma estructura?

No. Es un pueblo pequeño, tiene sólo ocho tiendas. Vivimos en tiendas y somos sólo mujeres.

¿Son sólo mujeres?

Sí.

¿Qué rol o qué función tienes vos ahí?

No, no tenemos roles. Somos, compartimos.

¿Cómo funciona ese pueblo de mujeres?

¡Vivimos de la tierra, tenemos nuestras propias plantas y algunos animales, eso es una comunidad!

Muy bien. Si volvieras de nuevo hacia atrás, hacia el momento en que te vas del pueblo donde vos estabas, ¿podés ver qué fue lo que generó esa decisión de irte y de qué manera lo gestionaste?

Sí, no fue mucha cuestión. Fue un acto de huir, porque lo que pasaba es que los castigos que me imponían, como no producían resultados después se transformaron en un intento de conquista y varias veces algunos hombres intentaron conquistarme y entonces fue pelea, hasta que me cansé de pelear y me fui. Pelea cuerpo a cuerpo y entonces terminaba siendo un varón más, hasta que me fui. Y cuando me fui, dos mujeres se vinieron conmigo. Caminamos, caminamos hasta que encontramos un espacio donde había otras dos mujeres y después llegaron otras tres más. Y ahí vivimos... ¡Hasta que... hasta mi último día!

¿Hay alguna una razón por la que solamente son mujeres en esa comunidad?

Es que cuando llegamos estaban solamente esas dos y después llegaron otras dos. Pero no, no sé, no encuentro por qué razón.

¿Eran todas de la misma comunidad, del mismo pueblo?

No, no. Solamente tres éramos de la misma comunidad, dos eran de otra comunidad y las dos que llegaron eran de otra comunidad.

¿Existe el concepto de la individualidad?

¡No hay! No existe el concepto de individualidad. Somos colectivo, somos complemento, somos conjunto, somos...

En esta nueva experiencia, ¿cómo te sientes?

¡Plena! Por eso me voy, porque se logró la razón para la información.

En esa nueva comunidad, ¿qué pasó con el experimento de los sembradores?

No, no tuve oportunidad de hablar con estas mujeres sobre ese tema, pero los sembradores ya vimos, una vez que ellos lanzan el proyecto, sólo intervienen si hace falta hacer algún ajuste, pero podría hablar con ellos a ver que...

¿Tienen alguna característica estas mujeres en común con vos, más allá de ser mujeres?

Sí. La apertura, la empatía, la cortesía, contener, sostener y acompañar, la libertad, el no control, el respeto, el honor, la integridad, la lealtad al conjunto.

¿Conoces si esta comunidad sobrevivió ante la ausencia de varones?

¡Bueno, el tiempo que yo vivía ahí, que fue más o menos desde los treinta a los sesenta, no fue necesario varón! ¿Para qué serían necesarios?

Quizás podríamos hablar de una supervivencia, de esa forma de vida, de una instauración de esa apertura hacia una sociedad matriarcal; no sería matriarcal en todo caso porque no hay hombres, pero en esa sociedad en la que se vive con un sentido de colectividad y... quizás esa era la finalidad, de la forma de vida del implante de tu abuela, iniciando esos cambios, era preguntar si se habrían instaurado de alguna forma, si se habrían creado alguna forma para relacionarse ante la ausencia de varones, no hay posibilidad de que se...

No podría decir si esa comunidad se instauró de esa manera por la ausencia de varones, porque se instauró por la presencia de esa vibración, pero no podría decirte que esa vibración es exclusiva de las mujeres. Sí podría decirte que esas mujeres que están ahí tienen esa vibración.

En relación al tema pareja, ¿esta información podría aportar algo en relación al tema pareja en esta existencia terrestre para el ser humano?

¡Es que en esa comunidad lo que se siente es que el tema pareja es amplio, porque es el tema común unidad! Común Unidad, no podría decir como sería esa expresión con varones porque de hecho no los hay, pero sí podría explicarte cómo es esa común unidad cuando hay seres en común unidad consigo mismos y con el entorno y los otros seres.

¿Esa comunidad estaría por encima del sexo de los individuos?

¡Está por encima de todo lo demás!

¿Entonces, interpreto que el tema pareja podría estar asociado a la parte más energética que física?

No, no entendí.

Esto que escucho de la común unidad y del tema de que antes este compartir o esto que no había como un vínculo de uno a uno, si no que todos estaban con todos... y el tema de la pérdida de la energía en ese intercambio, a diferencia de esta común unidad, donde son todas mujeres con un nivel energético más parejo, donde todo fluye como si fuera en armonía, encuentro que ¿puede llegar a haber una diferencia o unas asociaciones ahí a través de la pareja?

No entendí...

Si tuviera que verlo desde esta perspectiva, porque veo que el concepto de pareja es como obsoleto o limitado o pequeño, porque lo que se ve a lo largo de esta experimentación, es que esa idea de pareja sólo tiene que ver con un punto de vista egoísta, necesito pareja, necesito cuidar mi energía, en el caso en que se producía, que es el caso de mi abuelo, pero en el resto ni siquiera es cuidar mi energía; el concepto pareja es un impulso primitivo. En cambio, cuando ese individuo evoluciona hacia algo colectivo desde el individual, y no desde lo de la colmena sino desde el colectivo a lo individual, el concepto pareja pierde la importancia, porque son individuos que todos cuantos participan con todos, de corazón a corazón, formando parte de un todo integrado, sin apego, sin predominio, sin dominio, sin usurpación, sin...

Desde esa consciencia que tienes en ese lugar, integrado con tu corazón... concepto, ¿cómo sientes que sería si en algún momento llegaran varones o tuvieran que procrear?

No tengo la menor idea.

Claro es muy interesante que en este espacio ninguna de las mujeres está en edad de procreación, todas han superado esa etapa.

¿Hay niños?

No, ahí somos sólo las mujeres. Esas mujeres.

Entonces, visto la historia en esa horizontal, para qué has estado ahí, todo lo que has sufrido, todo lo que te ha pasado, al final, ¿para qué ha servido?

Para implantar esa consciencia en ese planeta. Porque ese planeta, al igual que todos, tiene un inconsciente colectivo. El inconsciente colectivo es el que implantan programas en los habitantes y lo que veo es que no he sido sólo yo, hemos sido esas ocho mujeres, porque hay ocho espacios allá; una que ya se fue.

Entonces lograsteis implantar ese nuevo nivel de consciencia colectiva. ¿Lo lograsteis?

Sí.

¿Cómo se vive ahora entre los pueblos? ¿Qué diferencias ha habido?

Bueno, eso lleva mucho tiempo hacer el ajuste.

¿Todo esto que estaba haciendo, tenía relación con la razón por la que viniste? ¿O por la que los sembradores te pusieron en este lugar?

Y... habría que hablar con los sembradores.

Bueno, ¿quisieras hacerlo?

Sí, podría hablar con los sembradores, pero ahora ya estoy en otra experiencia.

¿Habría alguna manera?

Sí, podría ver con los sembradores en la experiencia nueva en la que estoy.

Bueno.

¿Y cuál es la pregunta?

¿Si tenía relación esto que han hecho estas ocho mujeres?

Si este cambio de consciencia y de paradigma tenía relación con tu llegada y ese proceso de que ellos implantaran esa energía, esa....

No. Ellos no implantan, ellos sólo hacen investigaciones y van siguiendo esas investigaciones haciendo ajustes y nunca saben en qué va a derivar, pero están satisfechos cuando hay resultados. Ahora van siguiendo este proceso evolutivo para ver cuánto efectivo es ese implante porque, en definitiva, termina siendo un implante, aunque no sea la voluntad, en el inconsciente colectivo de ese planeta, lo van siguiendo como van siguiendo también experiencias en el planeta Tierra del Sistema Solar.

¿Tendría algún propósito?

¿Propósito?

Sí. Que todo esto genere algún tipo de cambio...

¿La evolución? La Expansión, el movimiento... ¡Esa es la única finalidad!

¿Las ocho mujeres han sido implantadas por los sembradores?

Sí, en definitiva, las ocho han sido implantadas directa o indirectamente, porque en mi caso yo soy derivada de mi implante; no soy implante directo.

¿Por qué ocho mujeres?

Es un código para ese planeta.

¿Qué tipo de código?

Un código de expansión. Cada planeta tiene un código. Como una masa crítica. Lograda esa masa crítica, empieza a mover y a expandir el código.

Teniendo en cuenta que esas ocho mujeres ya están en una edad avanzada en la cual no pueden seguir procreando, ¿cómo continuaría entonces? ¿Tienen hijos?

El cambio en el código no requiere ser implantado en los genes, cuando se implante en el inconsciente colectivo empieza a funcionar.

¿Eras consciente, antes de llegar a ese planeta, de cuál era tu misión ahí?

Sí, siempre soy consciente. Sólo que cuando empieza la acción, para que la acción pueda ser hecha, he perdido el recuerdo.

¿Es posible hablar con los sembradores y que puedas seguir la línea de tiempo hasta el final para ver el resultado de lo que sembraron?

Ese implante de esa consciencia es el resultado de lo que sembraron hasta ese momento. Yo sigo ahora en otro experimento, en otra investigación, en otra línea.

¿Dónde estás ahora?

¡En el Planeta Tierra!

¿Y qué experiencia es la que tienes en este momento?

La misma, cambio de consciencia.

¿Es otro cuerpo?

Es otro cuerpo.

¿Cómo es?

Como lo que estoy usando ahora.

¿Estás ahora en tu experiencia?

Sí.

¿Puedes ver esa consciencia que sembraste, si se ha expandido mucho más que en esa vida anterior?

No, todavía no.

¿Ves cómo podría expandirse más?

A cada paso.

¿Esta implantación que se hizo en el planeta anterior hubo repercusión en el Sistema Solar, es decir en otros planetas? O solamente...

No, ese planeta no forma parte de este Sistema Solar, pero sí hubo repercusiones en su sistema.

Muy bien y entonces, esta vez viniendo a esta experiencia, ¿vendrías con el mismo propósito para crear ello?

Sí.

¿Y lo estás haciendo?

Sí.

¿Has venido sola o algunas de las ocho mujeres te acompañan?

Nunca nadie está solo...

¿Encontraste en esta experiencia algunas de las ocho mujeres?

No. ¡Las ocho mujeres me habitan y yo las habito!

¿Integrar toda esta información, toda esta de la experiencia, tiene algún propósito, repercusión en este momento, en esta experiencia aquí en la Tierra?

¡La de todos nosotros!

¿Esta misión en el planeta Tierra, para crear esa consciencia, tiene que ver también con el concepto de individualidad y común unidad?

Tal como fue mostrado.

Si en ese planeta el código era de ocho mujeres. ¿Cuál es el código que tienes ahora para la Tierra?

¡En ese planeta el código era 8; en este planeta el código es 13!

¿Qué significa ese número 13?

Lo mismo que en el otro planeta.

¿Y qué es?

No entendí.

¿En el otro planeta era el número 8 que era el código de expansión y en este el número 13 sería también un código de expansión?

Sí.

¿Cómo se podría representar aquí?

Bueno, eso es lo que hay que lograr, a cada uno le mueve una cosa diferente.

¿Sería cómo un número crítico, una masa crítica? ¿La misma forma?

Exactamente.

¿Sobre tu origen, el origen en este planeta Tierra es parecido al origen en el otro planeta? ¿Ha sido a través de sembradores? ¿Podrías hablarnos de esto?

No en esta oportunidad.

Quiero volver...

Los controladores

18.11.21

Copiloto: Luz Ángela López

Me veo como en una escena... la veo desde afuera, veo como un tablero muy grande, como si fuera un vidrio puesto, así como vertical arriba de un escritorio y en el escritorio veo sentado un ser que es como una hormiga gigante.

Es como una hormiga gigante y está mirando ese tablero, ese monitor y en el monitor lo que veo son todos circulitos como si estuviera mirando un tablero de comando que tiene todos esos circulitos y hay uno de esos circulitos que brilla más que otros. Y es como si fuera el símbolo de... ¿vieron como cuando se ve en el cielo el símbolo de Superman? Pero ahí lo que se ve en el cielo, es como el simbolito del hombre de Vitrubio y ese hombre que se ve ahí es blanco brillante, como si ese sector estuviera llamando la atención.

¿Tiene relación eso que se ve en el cielo, con esos circulitos más brillantes que están en el tablero?

No, en el cielo no se ve nada.

Sólo veo eso, la hormiga ésta que es como un ser mirando y en el tablero ese símbolo que es como el hombre del Vitrubio que está brillando, como si eso me llamara la atención. Como si en ese tablero de comando que está mirando, hubiera que prestar atención ahí.

¿Y eso dónde está ubicado? ¿En qué parte del tablero?

Justo arriba de todo, del lado derecho. En los circulitos que hay, es el tercero.

¿El tercero empezando desde la derecha?

Sí, hay como una, dos, tres... cinco filas y está en la primera fila.

En la primera fila y en el tercer lugar del lado derecho.

Sí.

¿Podés ver si tiene alguna secuencia el orden de esos círculos?

No, tienen tamaños. Tienen filas, columnas y tamaños.

¿Y los tamaños se distribuyen de alguna manera?

No, no, no.

¿Hay alguna diferencia más allá del tamaño en esos círculos?

Sí, el símbolo que está dentro.

Y, por ejemplo, en los círculos más grandes, ¿qué símbolo tiene adentro?

El símbolo más grande es el que está en medio de la plantilla, como en la tercera fila y... uno, dos, tres, cuatro, y en el cinco. Como si hubiera cuatro de un lado, cuatro del otro y la columna del medio y esa cosa la bola del medio esa sobresale más que ninguna, pero no tanto como esa tercera de allá arriba que brilla. Y esa que sobresale, el símbolo que tiene adentro es como una esfera.

Esa esfera que ves ahí en el centro, ¿es la única que hay o hay otras?

Como esfera es la única que hay, pareciera ser que todo responde a esa esfera.

Y esa esfera, ¿está brillando, tiene algún color?

No, lo único que brilla es el hombrecito este...

¿Sabés por qué brilla ese hombrecito, el que tiene la forma de la hormiga?

No, el que tiene la forma de la hormiga, ese no brilla. Es el que revisa.

¡Ah! El que brilla es el que tiene la forma del hombre del Vitrubio.

Sí, ese es el que brilla, sí. Como si le estuviera llamando la atención, como que es acá, hay que prestar atención acá. La hormiga va ahora y toca. Cuando toca ahí se despliega toda la pantalla que te conduce a ver eso, a ver más detalle de eso.

¿Y qué detalle te muestra cuando ve eso, cuando toca?

Lo que se ve ahora es como una imagen, como si fueran esas imágenes de calor. Como que esas imágenes de calor, como esas imágenes que se ven en las películas con esos visores de vista nocturna y ven calor. Y eso es lo que se ve; zonas de más calor, zonas de menos calor.

¿Quién comanda el tablero?

No, no comanda, el tablero es como una pantalla. No se comanda, es como una terminal.

Es decir, ¿la hormiga lo que hace es accionar lo que el otro hombrecito le pide que ponga foco?

No, se ve que la hormiga es como si fuera cuando..., suponte en esas guardias de los edificios que están llenas de monitores y ven todo lo que pasa en todos lados y a lo sumo pueden tocar algo para expandir la información. Bueno, eso hace la hormiga y tiene un solo monitor.

¿Y sabés lo que representa ese monitor?

Sí, parece que es la zona que a ella le toca vigilar.

¿Qué zona es?

Parece que es una zona relacionada con esa bola, como que si hubiera un ámbito de influencia de esa bola.

¿Como si la esfera influenciara esta zona?

Sí, como que en este monitor se observa la influencia de esa bola. Pareciera ser que esa bola es la Vía Láctea, como que eso que se muestra ahí es lo que pasa en la Vía Láctea.

¿Qué se está viendo? ¿Qué está pasando desde esa bola?

Parece que lo único que llama la atención es ahí ese planetita, ese planetita. Es como un planetita, pareciera ser que cada de una esas bolas representan zonas.

Bolas ¿en dónde?

En la Vía Láctea.

Este hombre, esta imagen de este hombre, ¿qué representa?

El diseño del hombre que habita esa zona. Es lo que está pasando en esa zona, porque si prende la luz es porque llama la atención. Entonces si llama la atención, es un vigilador que tiene que vigilar qué pasa.

¿Está pasando algo?

Sí, está cambiando. La configuración de esa zona de calor y frío está cambiando, hay como un movimiento vibracional energético.

Esa información, ¿para qué la necesita?

Porque le toca vigilar alteraciones, anomalías, movimientos.

¿A dónde envía esa información, una vez que la levanta?

No la envía a ningún lado. La información está disponible ahí en ese tablero, ella lo único que...

¿Para quién?

Para todos. A ella sólo le toca revisar y ver si está dentro de los parámetros esperables.

¿Cuáles serían esos parámetros, puedes verlos?

No, esa es información que está cargada en el sistema. Dentro de los parámetros esperables no se prende la luz. Cuando se prende la luz es cuando excedió esos parámetros, por eso es que tiene que revisar.

¿Puedes ver qué lo excedió? ¿Qué lo alteró?

Sí, hay unos movimientos energéticos, hay un cambio vibracional. Como si estuviera sobrecargado el sistema en esa zona.

¿Y se puede ver qué es lo que sobrecarga el sistema en esa zona?

Sí, hay mucho movimiento energético, como si fuera agua en ebullición, como que está pasando el nivel de ebullición esperable.

Esa zona correspondiente a la Vía Láctea, ¿es toda la Vía Láctea o alguna zona especial dentro de ella?

No, es el Sistema Solar.

¿Es todo el Sistema Solar o alguna parte de él?

Pareciera que es todo el Sistema Solar, pero específicamente el Planeta Tierra.

¿Es todo el planeta o hay algún sector en el planeta Tierra en particular en el que se puede notar esta ebullición?

No, todo el Planeta y lo que más parece que llama la atención es... porque también si amplias un poquitito la información se ve el vínculo de este planeta con otros planetas del sistema.

Pareciera ser que esos vínculos se están fortaleciendo, como que si la alteración en la vibración no ocurriera solamente por lo que está pasando en el Planeta Tierra sino por los vínculos que se están ensanchando y están produciendo sobrecarga en el sistema.

Esos vínculos ¿son entre sí todos los planetas del Sistema Solar o algún planeta en especial?

No, parece que viene también de afuera, como si todo el Sistema Solar estuviera conectándose, pero además conectándose con el adentro y conectándose con otros elementos, no sólo de la Vía Láctea sino también de afuera. Por eso la alteración es tan... visible.

¿Puedes ver de qué manera estos vínculos de otros planetas se conectan con la Tierra?

Sí, lo que se ve ahí es sólo líneas y estas líneas empiezan a tomar colores y algunos de esos colores empiezan a ser blancos y más gruesos.

Cuando ves esas líneas, ¿qué energías puedes leer ahí? ¿Qué información?

Depende los colores. Depende los colores es el potencial del movimiento y como el muñequito ese se prendió en blanco, lo que hay que ver son las líneas blancas que son las que están fortaleciendo o sobrecargando el sistema.

¿Qué significado tiene este color blanco?

Que se está profundizando la conexión, como conexiones que antes eran más débiles ahora están siendo más fuertes.

¿Qué clase de movimiento sería? ¿Físico, emocional o qué clase de movimiento se está intensificando?

No, es energético más que nada, por ahora.

¿Qué beneficios trae esta profundización de la conexión a esos otros planetas?

No entiendo la pregunta.

Estas conexiones que están habiendo nuevas...

No son nuevas, son conexiones que ya existían, sólo que ahora se están profundizando y cambiando.

¿Qué características tienen para los humanos?

Es como lo que parece... es como cuando vos te metés abajo de una ducha y primero cae poquitita agua y de repente, cae un montón de agua y vos estas ahí abajo de esa ducha, entonces al principio genera como confusión porque no sabés qué está pasando.

Ahí con esta información, ¿hay alguna cosa que puede hacer el humano para tomar estas medidas o absorber la información?

Sí, voy a ponerme en la perspectiva desde este lugar, porque hay diferentes perspectivas y diferentes puntos de vista desde los cuales se puede observar la situación. Visto desde el punto de vista del humano eso es lo que está pasando: como la ducha ahora tira más agua y produce efectos en el humano, pero depende el humano es qué hace con ese efecto, algunos *influencers* se quedan en la ducha como diciendo "qué bueno, me voy a bañar mejor"; otros empiezan a ver qué pasó; otros protestan; otros cierran la canilla porque no, no "¿cómo pasó esto?"; otros se quedan buscando –dónde, a ver qué pasó– con lo que pasó, entonces esa es la confusión.

La vibración está moviéndose, pero las reacciones son diversas y eso hace que al producirse esas reacciones diversas se incrementa el potencial de movimiento energético. Por eso le salta en el monitor a la hormiga.

Si esto está sucediendo y si se le está alterando en el monitor, ¿ella tendrá que tomar alguna medida o tiene alguna instrucción?

Sí, primero tiene que revisar y ver qué es lo que está pasando y en qué porcentaje eso que está pasando puede alterar el resto de la configuración y lo que observa es que sí, que, al meterse cada vez más profundamente, ve que hay posibles reacciones en cadena en todo lo involucrado, porque está involucrado no sólo el Sistema Solar sino la Vía Láctea y otros sistemas.

Lo que parece que eso depende mucho de... parece que es tremendo esto, parece que depende mucho de las diferentes reacciones que se produzcan en el... eso es lo raro, porque la hormiga lo que dice es "¿qué pasa con esto?" porque ese mismo movimiento se está produciendo en otros lugares, pero no hay alteraciones. Hay sí como algunos, como unos colorcitos que van cambiando, como algunos que se prenden más, se apagan más, pero acá es muy notorio. Eso es muy notorio y la hormiga no puede entender por qué pasa eso, si el mismo nivel de vibración y de movimiento está produciéndose en todos los lugares, por qué acá hay tanta alteración y eso es lo que detiene –inaudible–. Cuando llega ese nivel de alteración, tiene que informar.

¿Hay algo que diferencia a los otros planetas o a los que están conectados con la Tierra? ¿Hay alguna otra diferencia que pueda llegar a marcar esta alteración que le llama la atención?

La hormiga no puede ver eso, ella sólo puede informar que esa alteración se está produciendo.

Vos, desde tu perspectiva, ¿podés notar esa diferencia?

Llego hasta donde está la hormiga y no tengo cómo meterme en el siguiente nivel. Hasta la hormiga que puedo ver lo que está pasando, se aprieta un botón y se informa al siguiente nivel para que tomen las acciones pertinentes.

¿Tenés acceso al siguiente nivel o sólo puedes ver desde ese nivel?

Sí. Si la hormiga acciona, puedo acceder al siguiente nivel, es como una consciencia que va moviéndose por el circuito; entonces lo que va pasando en el circuito es lo que puedo percibir.

Es decir que ¿te vas a ir trasladando a medida que va accionando cada parte del circuito?

Sí.

¿Sabés para qué te está mostrando esta información?

No, no hay ninguna razón.

¿Estaban esperando que hubiese este movimiento?

Sí y no.

¿Qué sería el sí y qué el no?

Se espera un movimiento natural porque todo está en permanente movimiento, por eso armaron sistemas de control, porque este movimiento tiene como un circuito de movimiento. Y no porque el circuito de movimiento siempre viene estandarizado y no se entiende por qué se produce esta alteración.

Esa estandarización, ¿en qué está basada?

En el sistema.

¿Podrías mirar a qué se debe esta alteración tan fuerte?

Sí. Cuando la hormiga lo pase al siguiente nivel, puedo acceder.

¿Ves que lo va a pasar?

Sí, ya lo pasó.

¿A quiénes es que informaba la hormiga o tenía que pasar esta información y para qué?

Al siguiente sistema. La hormiga es como un vigilador. Cuando observa pasa mucho tiempo con una hormiga parada ahí sentada mirando, nunca pasa nada, pero cuando pasa tiene que revisar qué es lo que pasa y dentro de unos parámetros no hace nada. Pero cuando se prenden esos parámetros, aprieta otro botón y pasa al siguiente nivel la información. Como una alerta, como una alarma de alerta.

¿Puedes conectar ahora con el siguiente nivel y con quienes reciben la información?

Sí.

¿Quiénes son o cómo son?

Esta es una mantis, que también está frente a un tablero, lo que pasa es que ese tablero es más grande.

¿Qué hace con la información recibida?

La mantis, ahora con ese tablero, es una información que es como más grande la pantalla y pone la… en el medio, queda como la bola esa con todas esas cinco columnas con nueve filas o cinco filas con nueve columnas, ahí en el medio de la bola. Y con esa lucecita ahí que está en la tercera de la primera que prende, prende y prende.

Hay como una alerta ahora que prende y apaga que prende y apaga y ahora aprieta un botón y se expande. Entonces se ven las líneas como se conectan con todo el resto de puntitos como si fuera un plano ahora geográfico −suspiro−. Y sí, ahora se ve cómo se va alterando, se ve como esas líneas se van moviendo, se van como resaltando y moviendo, por todos los lugares.

¿Hay algo que deba hacer esta mantis en especial o…?

Sí, la mantis ahora tiene que investigar qué pasa.

¿Nos puedes ir contando qué es lo que ves?

Sí, ahora apretó ahí. Ahora sí que abre, se abre primero todo el Sistema Solar y se abren todas esas líneas conectadas al planeta Tierra. Y ahora…

¿La simbología de este tablero es igual a la otra o tiene alguna otra característica?

No, es igual pero más grande y con más posibilidad de investigación. Entonces ahora aprieta ahí y ahora se abre y cuando se abre, se abren también otros. Acá están los otros planetas del Sistema Solar y los otros a los cuales está influenciando, ¡uh!

Muy bien, respira...

A la mantis no le parece extraño, entiende que se está alterando por esas líneas porque los habitantes... porque las esencias habitando cuerpos en el planeta Tierra tienen conexión con esas líneas, como si muchos de los habitantes del planeta Tierra vinieran de cada una de esas líneas, entonces todo lo que sucede en el planeta Tierra conecta... es como un linaje, un transgeneracional. Lo que pasa es que el transgeneracional es extraterrestre entonces esencias conectadas acá, son esencias habitando también en otras realidades, en otros planetas y en otros sistemas. Entonces lo que está sucediendo ahí en el planeta Tierra, se refleja en los otros.

Esos planetas ¿serían los orígenes de las razas que están teniendo estos movimientos en el planeta?

No los orígenes, las vidas están viviéndose al mismo tiempo en fractales que se comparten... Lo que yo me pregunto es ¿por qué el planeta Tierra y no otros planetas? Y lo que se ve es que el planeta Tierra tiene una superpoblación.

En relación al resto de los...

Sí, una superpoblación en relación a cantidad y una superpoblación en relación a diversidad de esencias habitando. Hay una cosa muy linda también porque esto conecta con esencias habitando cuerpos, pero también esa luz, que se prende en el planeta Tierra tiene como otras lucecitas más tenues que afectan la biología, pero la biología no es biología física, sino vegetal y mineral y animal. Y arma vinculitos con otros lugares en los cuales tienen biología mineral conectada, biología animal conectada y biología vegetal conectada, como si fueran diferentes categorías de esencias.

Esas biologías, pertenecerían también...

Tienen conexión con la biología existente en el planeta Tierra. Como si el movimiento fuera en capas, no sólo en capa esencial sino también en capas biológicas. Biológica quiere decir celular.

¿Eso también está incluido en la superpoblación que se ve?

La superpoblación sólo se ve en el planeta Tierra, como si fuera... como cuando uno elige un lugar para decir: "vamos a meter en esta bolsa todo esto, a ver qué pasa".

Cuando lo ven todo junto ¿qué es lo que ven?

Cómo...

¿Qué es lo que pasa cuando lo ven?

No entiendo.

¿Sabes por qué es que estás viendo todo esto, para qué?

Sí, porque es como una estación. Es como una estación, como un ciclo. Un ciclo de mucho movimiento, lo que pasa es que no había hasta ahora en el proceso, el sistema no se había dado semejante cantidad y calidad en un solo lugar.

¿Esto no está controlado, estipulado con ellos algún margen de población?

Sí, algunos, pero se excedió el margen.

¿Tienen alguna forma de controlar ese exceso?

Sí, ahora le pasó a la mantis. La mantis lo analiza, saca conclusiones y envía al siguiente nivel.

¿Puedes ir a ese siguiente nivel?

Hay que esperar a que la mantis termine de analizar.

¿Es algo específico que ella quiera analizar, que le llame la atención?

Sí, ella quiso entender y sacar la conclusión. Y ya la conclusión está sacada; es cantidad, calidad, exceso, expansión. Hasta este límite no requiere avisar.

¿A qué se refiere con calidad?

Calidad quiere decir la conexión de esa esencia con el resto.

¿Quiere decir que, si una esencia está más conectada con otros lugares, es mejor calidad?

No es mejor, es más. No hay mejor o peor, hay más o menos.

¿Hay esencias que no estén conectadas o hay seres en el planeta Tierra que no estén conectados?

Sí, hay muchos. Sí, por eso forman parte de la cantidad.

¿La calidad forma parte de la expansión?

Sí, del potencial. Por eso hay tanta cantidad y tanta calidad. Porque como es un experimento, las esencias de calidad decidieron venir a experimentar y hay tanta cantidad, porque se requiere cantidad para que el experimento se logre y porque hay más esencias que están iniciando el proceso. También decidieron venir a experimentar algo que es distinto.

¿Qué es lo que se experimenta ahí?

El movimiento energético.

¿Hay libre albedrío o hay algún parámetro que se tenga que cumplir?

Cuando se entra en ese sistema no hay libre albedrío, el libre albedrío es decidir entrar o no entrar en ese sistema. Cuando se entra en el sistema, el sistema tiene un programa.

¿Podrías mirar por qué en el primer nivel controla una hormiga y en el segundo una mantis?

Sí, porque la hormiga tiene un nivel emocional un poco más desarrollado que la mantis. La mantis no tiene nivel emocional.

¿Por qué es importante que tenga ese nivel emocional?

Para poder analizar e informar antes de...

¿Es como si ella leyera la parte emocional?

La hormiga. La mantis, no.

Es como si la hormiga leyera...

Una porción.

¿La parte emocional?

Sí.

¿De la energía que se está moviendo?

Sí, y del efecto que pueda producir. La mantis no mide consecuencias porque no tiene empatía.

Y estos seres, tanto la hormiga como la mantis y los siguientes niveles, ¿pertenecen a un grupo o son los que están encargados de hacer este experimento?

No, ellos no están encargados de hacer el experimento. Son los vigiladores, su tarea es vigilar simplemente.

¿Pertenecen a algún grupo? ¿Quiénes son? ¿Por qué hacen esta vigilancia?

Bueno, porque dentro de la tarea que eligieron para manifestarse, les gustó la de vigilar.

¿Qué pasa cuando esa cantidad que excedió no tiene la calidad requerida para el experimento de la superpoblación?

No entendí. No puedo contar qué pasa si las cosas fueran distintas. Puedo contar qué pasa con las cosas como son.

¿Qué pasa con eso que se está dando así, que estás viendo que hay superpoblación en el planeta Tierra y esto que está haciendo la mantis?

Pasa eso, se expande. Y que se expanda es esperado hasta un siguiente nivel.

¿Esta información te va servir para hacer alguna modificación o nos puede servir para...?

No, no. En este nivel no hay nada que yo pueda hacer, sólo observar cómo se va moviendo la información. Puedo observar, en la medida que esa información va pasando de nivel a nivel. Soy como un fantasma que observa desde fuera el proceso. Observo el proceso.

¿La mantis va a entregar la información ya?

No, porque hasta este nivel está dentro de lo esperado.

Ese nivel, así como está en ese momento, ¿cómo se observa, tiene alguna tendencia, destruir o...?

No, ahora está como estable.

Si tú vas regresando nuevamente, cerca de la Tierra, podrías ver todo este efecto de esta energía, ¿cómo nos va a afectar o qué cambios serían necesarios para nosotros mantener un equilibrio con esta energía?

No sé si haría falta mantener un equilibrio. ¿Por qué pensar que hace falta mantener un equilibrio?

Por los efectos físicos que podamos tener o emocionales con todo este cambio.

Bueno, parece que eso es voluntario. Si yo bajo de nivel mantis a nivel hormiga y de nivel hormiga a nivel humano, puedo ver esa diversidad y en esa diversidad es interesante ver calidad y cantidad y en calidad es interesante ver las diferentes reacciones, hay como capas de reacciones. En el nivel cantidad no hay capas de reacciones, hay automático. En cambio, en el nivel calidad hay capas de reacciones, las capas de reacciones son voluntarias.

Quiere decir que en definitiva todo este proceso que se está produciendo depende de la voluntad de los humanos en calidad involucrados en el proceso y es tan trascendente que afecta a toda una zona, no sólo a nivel esencia sino también a nivel mineral, vegetal, animal. Quiere decir que todo este movimiento depende de todas esas esencias de calidad.

¿Tienen alguna otra característica más de la calidad esas esencias?

No, no entiendo la pregunta.

Si tienen alguna otra característica. Hablamos, mencionaste esto de la calidad, lo de la cantidad, lo del exceso y lo de la expansión, las distintas capas de reacciones que tienen y que es voluntario.

Voluntario cuando hablamos de calidad, porque los de cantidad no están en el sistema.

Esas distintas capas que son voluntarias dentro de calidad, ¿cuáles serían?

Son infinitas.

¿Cómo se representan?

Son infinitas y dependen del nivel de consciencia de esas esencias de calidad. Pero hay una cosa que es interesante porque la pregunta sería ¿voluntad o libre albedrío? Si son lo mismo o son distintos y es un punto muy interesante porque no tienen nada que ver una cosa con la otra. Entrando en el sistema, aún se sea una consciencia de calidad, no se tiene libre albedrío, pero sí se tiene voluntad.

¿Nos podrías compartir un poco más de esto?

Sí, es la diferencia entre las esencias de calidad y las esencias de cantidad.

Las esencias de cantidad no tienen voluntad, son parte del proceso automatizado que inicia la experiencia. Las esencias de calidad tienen voluntad y esa voluntad es la inspiración y conectar con esa inspiración es lo que permite hacer lo que estoy haciendo. Moverse en los diferentes niveles a cada momento. No elegir, moverse.

¿Entonces lo que les habilita es la capacidad de la acción?

No elegir, moverse.

Esa inspiración de base, ¿la tienen todos o solamente algunos?

Sólo las esencias de calidad.

Es decir, ¿ya se sabe cuáles son de calidad cuando deciden entrar en la experiencia?

No necesariamente. Porque puede que despierten su potencial o puede que no y si no lo despiertan, quedan como una esencia cantidad.

¿Para eso es importante la voluntad entonces, para despertar?

Indispensable.

¿Tiene alguna relación esta voluntad con esos otros lugares que están conectados con el planeta?

Todos tienen que ver con esencias voluntad. Como si la voluntad fuera una célula madre.

¿De qué depende, entonces, que esa voluntad se desarrolle, más o menos, en esas esencias de calidad para la acción?

Del nivel de consciencia que vaya abriendo la esencia que trae esa voluntad.

¿Ese nivel de consciencia es igual viniendo de cualquiera de estos otros lugares o tienen alguna característica diferente que haga...?

No, no es igual, no es igual, no es igual.

Sólo que cuando se entra en el proceso en ese circulito, es decir, cuando se entra en el proceso sistema planeta Tierra se apaga todo.

Se apaga todo, ¿y luego?

Hay que hacer la tarea.

Algunas las que cuenten con esta inspiración...

No, no es cuestión de contar con inspiración o contar con voluntad. Es cuestión de acción porque ese circulito planeta Tierra sistema, es un programa de acción.

¿Y hay algo que las haga empezar a generar esta acción?

Sí, sí. El sistema tiene un montón de mecanismos para activar o desactivar la acción.

¿Puedes explicarnos acerca de activar o desactivar la acción?

Sí, el sistema tiene un montón de mecanismos para desactivar la acción, por ejemplo: los apropiadores del sistema; su única finalidad es desactivar la acción, porque desactivando la acción es la forma en la cual toman el sistema, absorben el sistema. Y activar la acción son diversos niveles que generan voluntad.

¿Y hay alguna forma que cuando estos apropiadores desactiven la acción, uno pueda evadirlo?

Sí.

¿Cuál?

Bueno, la tarea, la acción de cada partícula, voluntad, inspiración, jugando el juego.

Desde el momento del ingreso ¿se puede desactivar la acción?

Si se trae la fuerza suficiente, sí. De hecho, hay esencias que iniciaron esa desactivación en el momento del ingreso, por eso la vibración se ha movido tan rápido en tan poco tiempo.

¿Existe otro factor que apoye?

Sí, la masa crítica.

Nos expandes este concepto, por favor.

Sí, a medida que el factor calidad se va haciendo más profundo, la masa crítica se va expandiendo. Los activadores y los desactivadores van desapareciendo.

¿Es como una especie de encendido entre unos y otros?

Sí, de empuje.

Como si el sistema fuera adquiriendo potencia en un sentido y fuera perdiendo potencia en el otro sentido o como si ya ni fuera necesario, porque el sentido de la potencia, se hizo casi automático. Todavía no se llegó a ese nivel.

¿Eso es parte del experimento?

Sí.

¿La posibilidad de que se activen o se desactiven solos sin necesidad de...?

Que se automatice. La única finalidad del proyecto es descubrir qué es lo que hace que se haga automático.

¿Puedes ver ahí qué es lo que hace esto?

¿Cómo?

¿Qué es lo que hace que se haga automático? ¿Tú puedes verlo?

Sí, es como cuando ponés agua a calentar y hay un momento en el cual el agua empieza a hervir, es el calor suficiente para que rompa el hervor. No se sabe qué es, no se sabe cuál es el calor suficiente para que el agua rompa el hervor y ese es el experimento.

Entonces esta primera como alerta que salió en el primer nivel, ¿se puede tomar como algo esperable, como parte de la observación?

Sí. Por eso están todos los sensores armados porque eso es lo que se espera en el experimento, medir en qué momento, en qué circunstancias, en qué condiciones se activa.

¿Desde el lugar de la hormiga, que es la que tiene conexión con las emociones…?

No, tiene una básica… tiene un básico nivel de percepción de emoción, no tiene conexión con las emociones.

Perdón, me expresé mal, es la que puede detectar a nivel básico el tema de las emociones. ¿Hay alguna emoción en particular que llama la atención dentro de todo este nivel de hervor?

No. No se puede determinar todavía, por eso el experimento está en desarrollo. No se puede determinar, no se sabe. Es una mezcla que nunca se armó.

¿Es decir que todavía están en el nivel de vigilancia?

Sí.

¿Hay otro nivel superior, además del de la mantis?

Sí. Hay infinitos hacia arriba, hay infinitos hacia abajo. Pero por ahora te muestran hasta ahí… Mientras no active la mantis, no puedo llegar.

¿Hay alguna otra información importante, relevante que podamos saber en este momento?

Sí. Podría ver muchas otras, pero me parece que hasta acá está completo el informe.

Muy bien.

*Una consulta, tú hablas de la tarea individual de todo este cam-
bio que se está generando a nivel energético en el planeta Tierra,
¿también como grupo estamos haciendo una tarea?*

Sí.

*¿Qué se podría hacer con respecto a la actualización para desacti-
var o activar ese punto de la voluntad en todo esto?*

Sí, no hay ninguna tarea específica que tenga esa finalidad
porque la activación automática de esa voluntad es colectiva. La
tarea es individual, pero llegar a ese nivel se logra en colectivo,
porque la suma de los individuos, es más que el individuo en sí.
Entonces no hay una tarea colectiva que pueda hacer, es más una
tarea individual, pero sin embargo es el colectivo el que hace el
movimiento, no es el individual. Por eso es tan complejo, por eso
es tan deseable la experiencia en el planeta Tierra, es multinivel y
voluntaria... Todos los procesos y todas las herramientas que estamos elaborando y desarrollando son individuales. Y de acom-
pañamiento. Porque no hay ningún individuo que pueda mover
el colectivo, ningún Mesías, ningún individuo único que pueda
mover el colectivo y sin embargo todos los individuos mueven el
colectivo, individualmente. Esa es la paradoja del experimento,
por eso no se sabe el resultado.

*Estos seres que están observando todo este proceso, ¿están obser-
vando para poder intervenir?*

No, de ninguna manera.

¿Solamente observar?

Solamente observar.

En esta observación que está teniendo la mantis, ¿siente que...?

No siente nada, le da igual.

O percibe, lo que está observando o lo que está percibiendo, ¿sabe si va a pasar a un siguiente nivel?

No sabe, ni le importa. Sólo observa.

Muy bien.

Finalmente, lo que nos muestra esta Conexión es que no estamos solos en el Universo en este ciclo de transformación tan grande que estamos experimentando.

Estamos controlados, apoyados, acompañados y también compartiendo el proceso con otras razas que hacen su parte a su ritmo.

De todo tipo de razas...

Mirá...

La serpiente. Fin de ciclo

Copiloto: María Teresa Posada

Bueno, quiero decirles, primero que nada, que tenemos compañía en el viaje. Como si estuviera enfrente hacia el lado derecho, lo que veo es una serpiente gigantesca. La veo muy parada, muy estilizada con los ojos amarillos muy grandes como si tuviera cabeza de extraterrestre, pero se ve que es una serpiente que está ahí observando. Sólo observa.

¿Quiere decir que ya estás ubicada en alguna parte?

No puede ingresar, pero está ahí observando.

Si no te incomoda, ¿podemos continuar con la relajación?

No me incomoda, no...

Perfecto, entonces continuamos... ¿Dónde estás?

Estoy como si se hubiera armado un... como si hubiera salido de esa imagen y ahora estoy en un... esto está armado como adentro de un espacio como si fuera un espacio protegido, como si hubiera un espacio protegido, como si estuviera alrededor todo un campo electromagnético que no permite el ingreso y estoy entrando en ese espacio, hay como un camino... Es como muy energético, muy energético, un camino que me va llevando. Me va llevando como a una ciudad como si fuera toda una ciudad etérica, energética, que es blanca. Eso, como una ciudad colgada en el medio de la nada.

Ahora nos vamos a ocupar de la ciudad... Mientras tanto quiero que me cuentes, ¿puedes ver tu cuerpo?

Sí, tengo como una configuración, pero no es... no es un cuerpo denso.

¿Es como una energía?

Es como una configuración energética muy sutil.

Ah, ¿tiene género?

No, no tiene densidad.

Sí, pero como energía, ¿se puede describir como una energía femenina o una energía masculina?

No, no. Es una energía neutra.

Entonces me dices que vas por un camino... hacia una ciudad.

Sí.

¿Cómo te sientes caminando ahí?

Como flotando... voy como flotando, así. Se va moviendo... como cuando ves los fantasmas que van flotando, así es como me siento.

Ok.

Como si algo me atrajera, como si fuera una lucecita que se siente atraída hacia esa ciudad.

Esa ciudad, ¿la has visto antes?

Sí, la vi antes.

¿Entonces te es familiar?

Sí, es conocida, sí.

¿Sabes por qué estás allí?

Sí.

Cuéntame.

Vengo a esta ciudad cada vez hay que diseñar un plan.

Quiere decir que traes un proyecto...

Sí. Me voy a informar, me voy a informar. No es que lo traiga.

En la ciudad recibes información para tu proyecto, muy bien.

Sí. No, no es un proyecto mío. No hay tal cosa como mío, me voy a informar de una idea que haya que bajar.

Y... ¿podrías compartir qué es lo que estás buscando? ¿Cuál es la información que buscas?

No, no busco, es como si... es como si me llamaran. Es como si hay una energía de atracción que me va llamando hacia el lugar, a un espacio en particular en esa ciudad. Hasta que no recibo, no sé cuál es el tema.

—*Proceso Específico de la Conexión Cuántica*—.

Es que me tiró para la tierra, ahora me alejó de la ciudad.

¿Te alejó de la ciudad?

Sí, ahora estoy en el medio de un bosque.

Ahora pues... vamos a hacer... y enseguida puedes volver a viajar, ¿está bien?

Ajá...

En el proceso específico de la Conexión entramos en un camino del cual no podía salir. Estaba totalmente adormecida y sin fuerza y no lograba salir de ahí. Solo quería dormir, había fuerza, pero estaba adormecida y no importaba la técnica que utilizaran no podía salir de ahí.

¿Dormida, pero te sientes protegida?

No sé, estoy dormida. No me doy cuenta.

Pero, ¿pero eres libre?

Es que estoy dormida ahí... como un...

¿Te gustaría hacer algo para despertarte?

Sí, es que no veo qué...

Bien, en ese adormecido, ¿sientes el ritmo de tu respiración, el latido de tu corazón, aunque sea muy tenue? ¿Podemos checar eso?

Es como muy tenue, como si se estuviera apagando.

Muy bien. ¿Me puedes replicar en sonido como es el latido de tu corazón e ir, así como incrementando esa potencia del latido del corazón? ¿Podemos intentar eso?

No sé.

¿Así, podría sonar así… bum, bum… suena así?

No, ni siquiera así.

Me iba a adormeciendo más y más hasta que sentí como si me fuera a desmayar. Me sentía como envuelta en un montón de nubes.

Bien, ¿las nubes de qué color son?

Como blancas.

Blancas, bien. ¿Le puedes pedir a esas nubes que se muestran tal cual son?

Son un montón de gusanitos…

De gusanitos. ¿Te gustaría desvanecer esa burbuja para que esos gusanitos salgan de tu campo?

Sí.

¿Qué hacen ahí los gusanos? ¿Quién los puso ahí?

No sé. Es que me dan ganas de vomitar…

Bien, porque los sientes muy cerca. ¿Qué hacen los gusanos, absorben tu fuerza, tu potencia, tu energía, tu esencia?

Sí, todo eso.

Silencio… no sabíamos qué hacer.

¿Qué sucede?

No tengo fuerzas… no tengo energía.

Puedes mirar dentro de ti, ¿dónde está tu energía? ¿Qué la tiene oculta que está impidiendo que salga?

Está como si se hubiera desconectado, como si todos esos gusanos hubieran carcomido esa conexión, como si la hubieran desvanecido.

¿Les puedes ordenar a los gusanos que desalojen todo?

No tengo la fuerza, no tengo la fuerza...

¿Puedes averiguar de dónde vienen esos gusanos, por qué están ahí?

No, no sé.

Bien, puedes respirar profundamente y volver a conectar con ese latido de tu corazón, aunque sea muy tenue, ese latido de tu corazón, aunque sea muy tenue tiene toda la fuerza, todo el poder y toda la esencia que tú eres, desde esa fuerza... les puedes ordenar...

—Suspiro fuerte—.

¿Qué pasó?

Voy a cambiar el foco... voy a poner el foco en lo que está afuera.

Si ves la escena de afuera, ¿cómo es?

—Suspiro fuerte—.

¿Qué te pasa? ¿Qué estás haciendo? ¿Le puedes pedir a la tierra que absorba esos gusanos?

Sí, ahora sí.

¿Quieres regresar de nuevo al camino que te llevaba a la ciudad?

Sí, primero tengo que limpiar acá abajo.

¿Por qué hay que limpiar?

Porque están los gusanos, todos por acá alrededor.

¿Cómo lo vas a hacer? ¿Cómo vas a limpiar?

Con fuerza.

Muy bien. Desde esa fuerza que has recuperado... eso es... muy bien y con la fuerza de tu corazón... pon el foco en esa limpieza y si quieres, compártenos cómo la haces...

Ya está, ya conecté. Se había desconectado, se había fracturado; una porción física se había desconectado de la esencia...

Preguntas varias...

Ya está, ya está. Ya retomé la conexión, ahora vamos a dejar la imagen del cuerpo, para no... generar conflicto, vamos a envolver esa imagen del cuerpo en un campo y vamos a mirar todos estos gusanos ir dentro de la tierra.

Muy bien.

Ahora sí, ahí a ese nivel está una imagen de esa configuración de esa imagen. Está conectada con el centro de la galaxia y hay como un campo electromagnético alrededor y al lado de afuera está la serpiente como observando todo lo que está pasando.

¿La serpiente tiene que ver con toda esa desconexión?

No puede, no puede meterse porque hay un campo, un campo alrededor, no puede. Pero ya está, ya está, ahora voy a dejar eso, voy a cerrar y me voy a ir por el tubo de luz.

Estupendo.

Pero voy a desconectar, voy a volver al camino, voy a desconectar de lo que está abajo... ya está, voy a dejar solo mi...

¿Eso lo vas a dejar en el bosque?

Sí.

¿Y conoces ese bosque?

Sí, conozco ese bosque.

Puedes contarnos de ese bosque, tiene nombre...

No, es un pequeño bosque ahí en Córdoba. Eso hay que limpiarlo después, ahí hay como una entrada, una entrada energética.

¿Puedes contarnos cómo ocurrió?

¿Ocurrió qué?

Como ocurrió la entrada de los gusanos...

Sí, tiene que ver de dónde vengo, del mundo externo, es una carga...

¿Todos esos gusanos tienen que ver con la serpiente?

Sí, todas esas energías están comandadas por la serpiente.

¿Y si la serpiente no pudo traspasar tu blindaje energético, cómo pudieron hacerlo los gusanos?

Los gusanos ya están.

Estaban...

Los gusanos ya están en el nivel terrestre.

Entonces sería como una proyección energética de ellos...

No, una realidad energética. Ellos habitan en el nivel terrestre, comandados por la serpiente.

¿Entonces los gusanos estaban robando tu energía?

Los gusanos ahora están en la versión terrestre. Se alimentan de esa energía, eso es lo que les da vida. Son los que administran ese nivel energético.

¿Podemos ver por qué esa serpiente está presente en la conexión?

Sí, porque habita en ese nivel energético. Es la titular de la experiencia en este nivel energético.

Si vieras tal cual es a la serpiente, qué forma tendría, al ser la titular.

No tiene forma, es como un humo negro...

Ah, bien, ¿un humo negro?

Sí.

Ajá. ¿Y ese humo negro qué representa?

Es titular de esa densidad.

¿Esa densidad, te refieres a la Tierra?

Sí, al campo energético de la Tierra.

¿Hay alguna otra información? ¿En dónde estás ahora?

Ahora ya estoy arriba, otra vez en el camino...

¿Vas hacia la ciudad?

Sí, estoy en la ciudad, estoy como en un edificio, como abierto, como si fuera un espacio energético muy amplio.

¿Qué vas a hacer en ese edificio?

Voy a una comunicación.

¿La comunicación es con alguien o con algo?

En ese nivel, da igual. Son tres energías. Están como... si yo quisiera mirarlas tuviera que mirar para arriba, ocupan todo el espacio y con la que voy a establecer comunicación está como más arriba.

Y es muy interesante, porque son una sola energía con tres focos. Y cuando entro en el espacio me convierto en esa energía también, como si fuéramos todos la misma energía, pero con tres focos.

¿Y al recibir esa energía recibes alguna información?

Sí, hay una especie de comunicación. Lo primero que les importa es como estoy... Cómo estoy en el sentido de cómo se va atravesando la experiencia.

Entonces existe una especie de diálogo entre ustedes.

Sí, de conexión. No existe el diálogo, porque todo es, todo es al mismo tiempo, pero para poder compartirlo hay que ponerle como una secuencia... Lineal. Y en esa secuencia lineal lo primero es, cómo estoy, como si les importara cómo estoy... pero no se refieren a cómo estoy en este lugar, sino como si fuera, como si de eso que estoy ahí hubiera una línea de conexión y de contacto con la que soy en el planeta Tierra.

Entonces cuando dicen cómo estoy, es la observación de toda esa línea. Lo que quieren detectar es si esa línea está conectada, desconectada, fuerte, vibrante, en movimiento, el cómo estoy es un montón de cosas. No es cómo te sentís, sino cómo estoy, cómo estoy. Como si fuera un switch: Sí/No. El "cómo estoy" es estar sí o estar no. Estar sí es como estar en muchas cosas, en un montón de niveles.

En palabras terrestres, ¿cómo estás?

Sí. Siento como una cosita, porque estando allá, digo "sí". Porque si me preguntan estando acá tendría alguna queja, algún reclamo. Ahí estoy: Sí. Esa respuesta, ellos la testean como con sensores, soy como un sensor, testean a través de sensores, esos sensores les permiten ver y hacer los ajustes que haya que hacer. *¿Esa información que estás buscando o que vas a recibir, es para aplicarla en este plano?*

No estoy buscando nada... Es un llamado al sensor, para realizar alguna gestión. La primera gestión es "cómo estoy". Y cómo estoy no es cómo estoy yo, sino cómo está toda esa línea y esa línea implica un montón de capas y un montón de niveles. Es como si tú fueras a establecer una línea eléctrica en una casa, y lo primero que tendrías que ver es si llega corriente y la respuesta es, sí llega, y la corriente es la que tiene que haber, que sacuda y un montón de condiciones. El sensor dice: sí.

Ahora viene el siguiente nivel... El "cómo estoy" es, ¿estamos listos para hacer el movimiento? Es decir, ¿están dadas todas las condiciones para hacer el movimiento? Sí.

Muy bien, ¿qué seguiría?

Fin de ciclo.

¿Qué significa fin de ciclo?

Fin de ciclo, en todos los niveles, en todos los fractales. Fin de ciclo.

¿A qué movimiento se refieren?

A todos.

¿A todos los niveles?

Sí. Muy interesante, porque lo que me... es muy interesante porque no hay una comunicación a nivel lineal que sería paso 1, paso 2, paso 3. Es un paquete de información, es como una lluvia y caen todas las lluvias juntas y no podés saber qué gota cae primero y qué gota cae después. Todo es, todo al mismo tiempo y lo que me cae dentro de la lluvia es que "fin de ciclo", es el mensaje que baja por esa línea, por esa línea sí no.

Fin de ciclo. Pero fin de ciclo quiere decir diferentes cosas a diferente nivel. Por ejemplo... haber llegado ahí es fin de ciclo, pero es inicio de ciclo, porque no existe fin sin inicio ni inicio sin fin en ese nivel, en el final de la línea Sí No. Es decir, a nivel terrestre hay que atravesar el proceso del fin de ciclo, pero atravesar el proceso de fin de ciclo viene implícito el proceso de inicio de ciclo, con lo cual fin de ciclo inicio de ciclo es simplemente un punto de vista y cada una de las partículas experimentando elegirá en cada momento qué punto de vista aplica dentro de todas las infinitas posibilidades fractales que asumen.

Quiere decir que el fin de ciclo será totalmente diferente para las distintas esencias.

Claro. Para los distintos niveles, para las distintas partículas. Incluso para una partícula única va a ser diferente a diferentes niveles de sí misma.

¿Algún punto en común?

Fin de ciclo.

¿Que más te transmiten en esas distintas capas en las que suceden ese fin inicio de ciclos?

No, la transmisión es fin de ciclo, inicio de ciclo que quiere decir exactamente lo mismo y dice que esa es la transmisión, porque esa certeza es la que va a permitir acomodar cada una de las capas, porque todas las capas, están superpuestas, solapadas, interrelacionadas unas con las otras.

Entonces es trascendente lo que ocurre en cada capa, porque cada capa se intercepta con otra capa, en todos los niveles, en todos los fractales, por eso es interesante la certeza fin de ciclo. Pero para eso era necesario que se está comunicando en niveles, pero es todo al mismo tiempo. Para eso era necesario primero corroborar si la línea estaba Sí o No. Y la línea está Sí.

Entonces fin de ciclo. Porque están dadas todas las condiciones para fin de ciclo. Que fin de ciclo es inicio de ciclo.

Y hablaste de un ajuste.

Sí.

¿A qué se refiere ese ajuste?

Este es el siguiente nivel de... otra vez se recarga el tema y no es porque vaya lineal y una cosa vaya primero que la otra sino por información, simplemente.

Si bien la línea es "sí" y el fin de ciclo se inicia o se continua o se implanta o cualquiera sea la palabra con la que se quiera definir, se requieren ajustes, porque si bien la línea está "sí", no en todos los niveles el "sí" tiene la misma fuerza y potencia. Entonces lo importante en este momento es sostener el equilibrio de los fractales. Porque lo que importa en este fin de ciclo, a diferencia de otros, es la interrelación. Como que en este ciclo lo que importa es como cuando uno va a armar el cableado de una casa, lo que importan no son los cables, eso era otro ciclo; en este, lo que importan son las uniones de esos cables para darle continuidad.

Este ciclo nuevo, lo que hizo fue amalgamar. Amalgamar. En el proceso de expansión, esta etapa tuvo la finalidad de amalgamar, entonces lo que hay que hacer ahora es revisar esas amalgamas para que todas cuadren y se logren integrar con coherencia, para que la energía pueda circular ahora sí, de manera coherente. Porque el fin de ciclo, inicio de ciclo es un inicio de ciclo en el siguiente nivel que va a estabilizar para luego amalgamar otra vez con el siguiente nivel.

¿Todo aquello requiere una acción o es un proceso natural?

Depende del nivel en el cual existas y pongas el foco porque hay niveles en que unos se mueven con acción y hay otros niveles en que no se mueve con acción. Simplemente se Es.

Entonces es individual.

Depende del nivel en el cual hagas consciencia, porque hay niveles en los cuales lo individual no tiene foco.

O sea que... dentro de la individualidad debe haber una unidad como masa crítica.

No, no entiendo.

Es un fin de ciclo, principio de ciclo que cada uno va a vivir, dependiendo del foco...

Está muy bien, lo estás enfocando desde la individualidad, y el foco que se tiene es desde la totalidad. No es desde la individualidad.

Ah, perfecto. Desde la totalidad...

Claro, desde la totalidad no hay individualidad. Y la hay.

Entonces en esto debemos ver ese "sí", desde la humanidad.

No debemos nada.

Ese "sí", puede representar la humanidad, en la totalidad.

Bueno, esa sigue siendo una visión pequeña.

Entiendo. Ese fin de ciclo, principio de ciclo, ¿ha sucedido antes?

Sí, muchas veces.

En esta oportunidad, ¿podremos ver y sentir ese cambio?

Ya lo está sintiendo cada uno a su nivel en cada una de las capas.

Sí. ¿A dónde nos va a llevar...?

A donde quieran.

O sea que es muy importante en dónde está el foco, para que ese mismo cambio nos lleve.

Otra vez es un punto de vista desde la individualidad.

Es verdad...

Desde la visión de la totalidad, ni siquiera hay fin de ciclo, porque ni siquiera hay ciclo.

Sí. Estoy entendiendo ya y estoy haciendo una conexión desde la energía que somos, una sola energía... Un principio... una especie de...

No, no hay ni principio, uno solo es... −Suspiro−.

Cuando te referías a tres focos, ¿a qué focos estabas refiriéndote?

Sí. Se requieren tres focos, porque la energía con la que llegué es una energía que toca en el último eslabón en el mundo físico en el planeta Tierra y la energía que se experimenta en el foco físico en el planeta Tierra es dual. Por eso se requieren tres focos para integrar esa realidad como paso previo al acceso al nivel energético.

¿Y cómo funcionaría esa integración?

Así. De la dualidad a la trinidad.

Estas tres energías con las que te encontraste...

No son tres energías, es una sola energía con tres focos.

¿Puedes hablar de esos tres focos, más específicamente explicar qué son, aunque formen parte de una misma energía?

No, no hay cada uno de ellos. Hay una... tampoco puedo decir una totalidad, porque es limitar a lo que es. Pero para poder integrar y establecer la comunicación hay un inicio, hay un opuesto y hay una reconciliación que es otra vez el inicio. Como un movimiento, uno dos, arriba, uno dos, arriba. Siempre el uno dos cambia de nivel, arriba o al siguiente nivel y al siguiente nivel y al siguiente nivel y al siguiente nivel... eternamente, infinitamente. Completamente, totalmente.

¿De alguna manera en palabras humanas podríamos recibir un mensaje desde donde estás?

Esta es la forma.

¿Podrías hablarnos un poco más de los seres que has encontrado en esa ciudad? ¿Quiénes son?

No son seres.

O entidades o...

No son entidades. Es lo que Es con tres focos y los tres focos sólo son importantes para poder transmitir la información y tampoco importa transmitir la información porque, de hecho, ya existe. Simplemente para acomodar una liberación a lo que cada uno necesita en este momento.

Y para ti, ¿por qué nos estás dando esta información?

Porque forma parte de la consciencia que hay que acompañar ahora en el planeta Tierra.

¿Este fin de ciclo, inicio de ciclo manifiesta también algo en tu propia experiencia?

Claramente...

¿Puedes comentarnos sobre ello?

¿Perdón?

¿Podrías comentarnos sobre ello?

Es una experiencia de la partícula para la partícula y sólo importante para la partícula.

¿La tiene integrada?

No entiendo la pregunta.

El por qué se te está manifestando esta información, ¿tiene integrada esa información la partícula? ¿Con la experiencia que lleva?

Sí, sí.

¿Hay algo más que debas hacer ahí en dónde estás?

No hay nada que deba.

¿Quieres hacer algo más ahí en donde estás?

No hay nada que quiera.

Ok. Ahí, simplemente Eres.

Somos.

Somos. Nosotros que estamos acá en la 3D...

No. Tienen el foco en la 3D.

Tenemos el foco en la 3D. ¿En la 3D todos podemos de alguna manera poner el foco en la 3D para desde ese SER transmitir lo que necesitas transmitir?

No hay nada ni nadie que necesite nada. Todo se mueve en función de donde pongan el foco. Y donde ponen el foco es simplemente donde ponen el foco. Una de las principales temáticas que tienen en el planeta Tierra es que creen que son el foco.

Este proceso de inicio de fin de ciclo y de inicio de nuevo ciclo, en esto que explicabas que era como el uno y el dos ascendiendo al siguiente, para volver a generar el uno y el dos y ascendiendo, esto trasladándolo al proceso que está viviendo la humanidad, ¿se puede considerar como que la humanidad es un fractal y que este proceso de cierre de ciclo se produce en todos los niveles?

Ya dijimos que es un movimiento que se produce en todos los niveles en todos los fractales.

En todas las multi realidades

En lo que Es.

En lo que Es...

Es como una inspiración y una exhalación... una inspiración y otra exhalación. Eso es lo que es.

Ah, eso Es.

Eso es lo que Es.

¿Qué implica este inicio y este cierre? ¿Sería una transformación?

¿Qué es una transformación?

¿Un cambio?

¿Una inspiración y una exhalación es un cambio? ¿Es una transformación?

¿Por qué estarían siendo necesarios los ajustes...?

No son necesarios.

Pero se están dando.

Forman parte del proceso.

¿Sigue contigo la serpiente?

La serpiente también forma parte del proceso. En cada nivel la inspiración y la exhalación se produce de una manera específica o particular.

Y la serpiente, ¿qué peculiaridad tendría?

No entiendo que es una peculiaridad.

¿Algo especial que tenga la serpiente?

Lo mismo que cada partícula. Cada partícula adquiere una determinada forma de expresión y un foco.

¿Por qué se te representa en esa ciudad y en ese espacio, con esas energías, ese testeo? ¿Por qué se da en ese lugar, hay alguna información que pueda ser útil?

No entiendo.

Estabas en esa ciudad, en contacto con esas energías y tú eras como un campo que testeaban para ver si estabas en la línea del Sí o del No. ¿Por qué se da esa visión en ese entorno? ¿Hay algo ahí que pueda ser útil, alguna información? ¿Qué puede significar ese espacio en el que te encuentras?

Vas a tener que procesar toda la información que fue dada. *Entonces ahí en donde estás simplemente Eres y todo lo que te rodea Es.*

En todos los lugares en donde está puesto el foco, son, somos en un permanente movimiento de inspiración y exhalación o del latir del corazón.

La presencia eterna.

Sistólico, diastólico.

Inspiración. Fuerza. Voluntad. Elección. Discernimiento. Confianza

25.11.21

Copiloto: Ariadna Aguilar Azamar

Veo que soy como un cuerpo blanco, como si estuviera iluminado, como muy delgadito. Tengo dos piernas, dos brazos, un torso como muy delgadito y una cabeza redonda grande. Y está como iluminado ese cuerpo. Voy como corriendo, como si alguien me fuese corriendo. Voy como por un tubo adentro de la Tierra.

¿Es intraterreno por donde estás?

Sí, es eso... Es intraterreno, sí.

¿Estás huyendo o estás corriendo o...?

Parece que estoy huyendo, porque miro para atrás a ver si vienen. Como si estuviera buscando perder a alguien...

¿Ese cuerpito tiene género?

No, no tiene género.

¿Tiene emociones?

Como primarias, porque sí le da... le da como observar a ver si lo corren.

¿Podemos parar, hacer una pausa en ese correr? Como que congelas esa imagen y nos vamos atrás, atrás, atrás... ¿De qué estás huyendo? ¿Cuándo empezaste a correr? ¿Por qué y para qué?

Estoy huyendo de unos que son como yo también pero son como de color negro, son como más pegajosos, no tienen esa iluminación como yo que sale de adentro. Es como unas lucecitas de idea que son como unos muñequitos como de goma y que prenden la luz desde adentro así... y los otros no prenden la luz, están como en sombra.

¿Y a qué se debe que no prendan luz y que tú sí?

Como que en algún momento no... Hay como un momento en el que uno elige si va para acá o va para allá. No pudieron ir para allá. Fueron para allá.

¿De dónde estabas huyendo, vivías en comunidad?

No, no estaba viviendo en comunidad. Estaba... era como... estábamos como cuidando algo, como protegiendo algo.

¿Tú y cuántos más?

Había un montón.

¿A qué se debe que te estén persiguiendo?

Como que... No sé, parece que me salí de ese lugar de protección. Mientras estaba en ese lugar actuando con el conjunto, no me podían correr porque era como indetectable. Pero cuando me salí de ahí, ahí me vieron. Es como que estar en el conjunto te mantiene protegido, pero cuando salís, en realidad sos... enseguida sos observable.

Mientras estaban todos en conjunto, como cuidando eso —que ahora hacemos pausa—, ¿eran invisibles?

Claro, éramos como esa luz que sostenía. Entonces no se veían seres, sólo se veía como una luz, como si fuera una banda magnética. Pero cuando salí de ahí me hice como visible.

Esa banda magnética que estaban cuidando ¿Dónde está?

Como en un nivel interdimensional.

¿Dentro de la Tierra?

No, no.

Interdimensional. ¿Cómo una burbuja puesta aparte?

Sí, no tiene... no está contenida. Es libre. Es abierta.

¿Qué es eso que cuidan, que protegen? ¿De qué la protegen?

No. No la protegemos. Como que le hacemos como una... No es proteger porque no necesita protección. Es como una barrera, le hacemos como una barrera.

¿Como una contención?

Sí. Tampoco es contención. Es como una barrera, como una barrera. Eso es. Como una barrera.

Una barrera, ¿contra qué?

Contra esa oscuridad. Es como que esa oscuridad quiere entrar. Y quiere entrar. Y quiere entrar. Pero nosotros somos como si hubiera barreras. Somos como una barrera.

Esa oscuridad, ¿qué hace? ¿Qué quiere de esa luz? ¿Qué busca?

Parece que quiere recuperar. Parece que en ese camino cuando se bifurca, si querés ir para allá te convertís en esos seres o si querés ir para el otro lado te quedás en sombra. Parece que esa sombra quiere recuperar esa posibilidad y para recuperar esa posibilidad tiene que ir a buscarla. Tiene que ir a buscar esa luz.

Esa oscuridad, nos cuentas algo más de ella. ¿Cuándo fue la bifurcación? ¿Qué sucede? ¿Dónde habita?

No, no hay un cuándo. Como es interdimensional eso es potencial infinito.

¿Es, fue y será?

Sí, a cada instante. La decisión es a cada instante. Cuando se toma esa decisión, ya se toma. Como que hay un acontecimiento, hay un hito que hace que se tome. Atravesar ese hito es "¡uh! atravesó el hito", entonces este paso para allá y este paso para allá.

Es como el libre albedrío entre... el libre albedrío antes del hito.

Sí. Pero no sé si tiene tanto libre albedrío. Porque hay como... hay como una... como si fuera una marea. Hay como una marea y la marea como que empuja. Es una marea que es algo que ya uno tiene como adentro. Como que esa marea te empuja para ir o para acá o para allá, pero a último momento es como que podés, es como si... podés hacerle frente a esa marea.

Esa marea, ¿nos expande? ¿Eso querés decir? ¿Tiene polaridades? ¿Se diversifica?

No. La marea es como un impulso. Es como una inspiración. Sí, es como una inspiración, como un impulso. Como ese impulso que hace que uno pueda entrar en ese juego. Sin esa inspiración no se puede entrar en ese juego.

Entonces si volvemos a estos tipitos oscuros que están persiguién-dote, ¿es para tomar esa luz? ¿Para tomar esa marea? ¿Para qué?

Sí. Es como, en ese proceso de densificación, este nivel inter-dimensional está en un determinado nivel de esa densificación donde cambia el juego.

Hasta ese nivel el juego es X, porque no puedo ver ahora como es ahí. Pero cuando entrás acá, cuando entrás en esa marea ya sabés, ya sabés porque de arriba tenés libre albedrío. Entonces cuando ya por libre albedrío decidiste entrar en la marea, es la primera etapa del juego. Y la primera etapa del juego, esa inspi-ración te va empujando pero en algún momento decís: Voy para acá o voy para allá. Y ese voy para acá es "me convierto en esta barrera de luz", de luz... no es como luz... la luz es como... como la de los tipitos que le sale de adentro. Es como una fuerza. Vamos a decir así, como una fuerza.

¿Voluntad?

Podría ser como una voluntad pero...

¿Como un generador de energía?

Como una fuerza, sí. Por eso cuando de abajo, de abajo en el juego, de debajo de todo miran hacia arriba, lo único que pueden ver es esta fuente. Que es lo que le llaman fuente. Porque esta fuente es la que parece que inspira, pero la inspiración es anterior. Entonces ahí es donde empieza el juego que de la fuente van a la luz. Pero esta oscuridad viene de lo mismo, de más arriba es lo mismo, es lo mismo. Solo que cuando cayó en la inspiración, la inspiración no le alcanzó. O quiso experimentar otra fase y entonces acá esto... lo que protegen, es la fuente, lo que llaman fuente. Pero la fuente es como la criptonita de Superman. Es como un generador. Eso es. Es como un generador.

¿Entonces la fuente es un generador de luz? ¿De inspiración? ¿De voluntad?

No... De voluntad, sí. Porque la luz es anterior a eso. Entonces es como un generador de voluntad. Pero es un generador artificial de voluntad. Porque la voluntad viene acá en la inspiración. La voluntad es cuando elijo o la luz o la oscuridad. O el camino este o este otro. Ahí es la voluntad real, la voluntad que viene producto de la inspiración. Esta es una voluntad artificial.

¿Cómo es eso artificial?

Creada por esa fuente. Como que en ese.... Esto es muy interesante, porque cuando vos tomás el camino de la oscuridad, el camino de la oscuridad no tiene fuente, es libre, es libre, podés todo. En cambio, en el camino de esta luz tiene como esa generación de la voluntad, de esa fuente. Pareciera ser que buscan que esa fuente los inspire, es como lo que llaman Dios. Dios me tiene que dar la fuerza para que yo...

¿Por qué la oscuridad no necesita la fuerza?

Porque la oscuridad sabe que es luz oculta. En este camino, cuando se entra en este camino de la luz, se entra... Dependo del generador de la voluntad.

¿Entonces tú estabas siendo como la barrera con estos seres de luz alrededor de este generador de voluntad?

Sí.

¿Por qué saliste de ahí? ¿Para qué?

Porque es una farsa.

¡Ay!... ¡Tremendo!... Me lo repito... Salí del juego de la fuente porque es una farsa.

¿Ahora te persiguen porque creen que tú tienes eso? ¿O por qué?

No. Me persiguen porque yo ahora puedo destruir el juego.

¿Cómo podrías destruirlo?

Contando que es una farsa. El que puede moverse en otras dimensiones es peligroso porque ve que para abajo parás. Si esto es un juego, es un juego. Es peligroso. Es peligroso. Es peligroso para los... porque, al final, la que sostiene el juego es la oscuridad.

Porque es el juego de la oscuridad: el que no tiene límites, el que no necesita fuente, el que administra... la oscuridad. Los otros necesitan conectarse a esa fuente para ser el juego. Entonces la oscuridad, cuando se le escapa alguno, que se da cuenta que es un juego, es peligroso "porque nos va a destruir el reino".

Tú sabes ahí... ¿Sigues corriendo? o pusimos pausa, ¿no es cierto?

Sí.

Bien. Entonces, ¿tú sabes que estás corriendo? O estás corriendo, ¿por jugar? ¿Por ver qué se siente que te persiguen?

No. No, no. Estoy corriendo porque es molesto.

También podrías volverte invisible ahí. O, ¿qué quisieras hacer?

Sí. Sí, podría mimetizarme con las paredes del túnel.

¿La molestia es parte del juego?

Sí, la persecución también es parte del juego. Es un juego de dualidad; de movimiento y de dualidad.

¿Eso se relaciona contigo en esta experiencia terrestre que estás teniendo?

Claro. Sí. Claramente.

¿Te gustaría hacer algún ajuste ahí?

Sí. Me voy a pegar al túnel. A pasar desapercibida. Ahí está. Por qué habría de destruir el juego si todos eligieron ese juego. Está muy bien. Que disfruten del juego. El problema es que no disfrutan. Ese es el problema. Que estos creen que necesitan la fuente y al final terminan dominados por la fuente y por la oscuridad. Tremendo.

¿Disfrutas ambas experiencias: terrestre e interdimensional?

A la terrestre no le encuentro el más mínimo disfrute.

¿Hay algún ajuste que precises ahí que te gustaría hacer?

No me doy cuenta cuál sería el ajuste para... el ajuste sería la ignorancia, a lo mejor, pero ¿cómo?...

¿Lo podemos pausar y más adelante vemos si se ajusta?

Bueno.

Entonces te voy a pedir que le quites la pausa a la escena, ¿hay otra información extra?

Estoy pegada a la pared, a esa pared. Ahora soy imperceptible, soy como invisible. Ya está, me convertí en invisible.

¿Ellos qué hacen?

No saben qué hacer si ellos no tienen... ellos están en ese nivel del juego entonces cuando vos te convertís en invisible... desapareces, es como "desapareció". No te ven, no te sienten, dejas de existir.

¿Desde ahí ves todas las estrategias, no de manipulación, sino de invitación a jugar el juego?

Sí, sí.

Lo que pasa es que el hecho de hacerme invisible implica salir de ese juego. Hacerme invisible es soltarlo, es "no me importa". Es soltarlo, es moverme a otro nivel.

¿Hay alguna otra información en las diferentes capas que puedes observar: interdimensionales, terrestres, sutiles, dimensionales?

Sí, sí. Es que ese juego dejó de ser foco para mí ahora.

¿Qué llama tu atención?

Y, ahora pasé. Es como otro nivel dimensional o interdimensional o como sea o como...

En ese nivel te voy a pedir que observes, veas si hay forma que te puedas conectar con la tierra.

No. Estoy como desparramada como en ese nivel. Estoy como desparramada, desintegrada, como...

¿Armamos vehículo o está bien la forma que tienes? —Técnica específica de la Conexión Cuántica—.

No, porque si armamos vehículo me van a detectar...

Muy bien. Adelante. Entonces ahí desparramada ¿nos cuentas esa escena?

Ahí desparramada veo como... son como esencias. Son como pequeñas esencias, luminosas. No sé, digo pequeñas, pero no puedo dimensionarlas, no tengo con qué dimensionarlas. Son como... podría verlo como si fueran partículas atómicas. Son partículas. Son pequeñas partículas.

¿Tú dónde estás? ¿Qué significa estar desparramada, esencia?

Como que soy sólo consciencia. No tengo configuración.

¿Individual? ¿Colectiva?

Total.

Esas esencias que ves ahí, esos átomos, ¿qué hacen? ¿En qué parte estás? ¿Qué vibración tienen? ¿Dónde estás?

Son como inteligencias.

¿Orgánicas?

No. Es la vibración de... ni siquiera es una partícula atómica.

Es la vibración de la partícula atómica. Como si fuera el astral de la densidad, pero visto desde el punto de vista partícula, no desde el punto de vista materia. Como el ladrillo básico de la composición de la materia.

¿Cuántas son?

Infinitas. Son como los ladrillos básicos. Eso es. Ellos tienen como...

Estás en la configuración básica de la que parte la creación.

Claro. Como que de ahí eso es potencial. Ese potencial luego se va a convertir en ladrillo básico de la densificación, pero en diferentes niveles, no es que sólo en el plano físico. En diferentes niveles. Lo que se percibe es que hay alegría, hay diversión, hay amor, hay prueba, hay "juntémonos a ver qué pasa" y ven los efectos en la manifestación. Como si fueran niños jugando a ver qué pasa si unimos esto con esto y "¡uy! acá reventó" "¡uy! acá se armó no sé qué, no sé qué", "¡uy! acá mirá qué lindo". Como que da igual. Para ellos es prueba y error. Todo les parece divertido. Todo les parece prueba. Todo les parece amor.

¿Todas estas son como las características de la luz hechas ladrillitos y fractales?

Sí. Claro. Podría ser así.

¿Todos estos ladrillitos son las características de la luz?

Sí, algo así.

¿Y todas estas configuraciones son para crear las diferentes realidades, esencias, potencialidades?

Sí.

Entonces ¿todos estos ladrillitos son los que utilizaban los sembradores para crear las configuraciones?

No, no. Es que ellos son también los sembradores. Porque esta es la configuración básica de todo lo que ES. Depende cómo se organicen es si van a ser material, si van a ser sembrador, si van a ser manifestación. Es como tener el abecedario y en el abecedario, después elegís qué querés formar: palabras, frases, letras.

Dentro de todos estos fractales y partículas de luz, ¿existe algo como la ausencia de luz?

No.

¿En qué momento se produce eso?

En el espacio más abajo. Ahí donde se está armando el juego. Esa capa es la capa en la cual se decide si luz o ausencia de luz. Si se entra de alguna manera como en la etapa B.

Ahí toda desparramada viendo todo eso ¿Cuál es la finalidad de que lo estés observando?

Quitar la carga. Porque todo es un punto de vista.

Entonces desde esa perspectiva amplia de consciencia, inhala. ¿Te gustaría integrar todo eso en tu corazón?

No hay nada que pueda hacer. Cuando estoy ahí, haciendo consciencia en el nivel, vamos a decirle letras, no hay nada que pueda hacer porque SOY. No hay diferencia.

¿Está integrada esa percepción y esa comprensión?

Sí. Las letras son... parecen desde la percepción. Parecen como dependientes, pero SON. SON.

Es como las letras hebreas de la Kabbalah, ¿cierto? ¿O algo así?

Sí. Podría ser. Podría ser como los veintidós que van siendo partículas básicas de configuración. Pero acá no hay veintidós hay miles, miles. Es. Es así. Es como "eso es". Y en eso es, eso soy porque no hay diferencia entre nada.

Si no podés hacer nada es porque ya estás integrada y coexistiendo con todo ello.

Sí. Porque no hay acción. Allí no hay acción. Hay simplemente ser. Es la primera vez que siento todo esto como... como feliz. Como feliz. Como luz. Como si la luz fuera plenitud, abundancia. No sé cómo poner, no tengo adjetivo calificativo. Siempre lo vi como aburrido, como que no hay acción, que aburrido. Pero ahora lo que... no se requiere acción, ES. Es. Es. Es luz, totalidad, profundidad, alegría plena, completa. No tengo calificativo.

Lo interesante de las Conexiones es que, a medida que se va logrando entendimiento, se va experimentando lo que se va entendiendo con el alma. Y esa experimentación queda como registro en la existencia. Forma parte de la memoria celular de esta realidad. Se integra a la experiencia física, también. Se guarda en la memoria humana. Se pasa al inconsciente colectivo. Deja ecos en la eternidad.

Te vamos a dejar unos segundos ahí, a que disfrutes, a que sientas esa felicidad, esa luz, esa plenitud, en esa consciencia, en ese infinito. Y desde ahí eres. Esa partícula de Soy/Somos. Disfruta esa felicidad, esa completud, de quitar todas esas capas y llegar a ese nivel en esa perspectiva que soy/somos, que ES. ¿Cómo se siente?

Sin palabras.

Bien. En esa consciencia expandida, ¿hay un nivel más que vayamos a explorar?

No. Es hasta acá. Desde acá para abajo.

Bueno. Elige un foco, algo que llame tu atención.

Es como la energía sin diluir. Es como si esto mismo después, cuando se manifiesta en cada uno de los niveles, es diluido.

Como la esencia pura que le van poniendo una gotita de agua, dos gotitas de agua hasta que llega completo el tarro con una gotita de esencia.

Sí. Es eso. Como que todo está conectado con todo en diferente nivel, en diferente potencial, con diferentes gotitas. Y eso hace que la esencia sea más pura o más dividida pero la esencia siempre está. En todo. Incluso en esa oscuridad.

Es agua diluida con una gotita de esencia y está la esencia dentro.

Sí. No existe nada que no sea esa esencia. Todo es.

Desde ese lugar en donde estás, ¿tienes alguna perspectiva, alguna visión que quieras contarnos?

Sí. Vi un punto de vista muy interesante, que eso es lo que me... me voy moviendo en esas gotitas, en esa coparticipación. Y hay un punto muy interesante que es la potencia de la oscuridad porque al no estar conectada a la fuente, es libre. Entonces lo que me pregunto es si no hay más esencia en la ausencia de luz que en la presencia de luz conectada a la fuente.

Repito... ¿dónde hay más esencia? ¿En la oscuridad o en la luz conectada a la fuente, que es artificial?

No. Dice que no. Porque por eso la oscuridad tiene que perseguir a esa... sino no hace falta perseguir. Pero en el movimiento y en la acción es más libre la oscuridad que la luz conectada a esa fuente. Porque la oscuridad tiene libertad de acción, no tiene nada que defender, que cuidar, que proteger y esas partículas de luz tienen que proteger a esa fuente de la cual creen que dependen. Como si la luz deseara la libertad de la oscuridad en ese nivel.

Entonces es un juego de la luz.

Sí. Claramente.

Y creemos en este nivel, terrestre tercera dimensión, que es de la oscuridad.

No, no. No existe tal cosa.

Entonces esa libertad que tiene la oscuridad, ¿es voluntad? ¿Es inspiración también?

Sí, sí. Todo es inspiración, no hay nada que no sea inspiración. Sólo que lo que importa es como esa inspiración a través de la voluntad natural, artificial o involuntaria porque la oscuridad no tiene voluntad. Es. Es buenísimo. Es lo más parecido que hay a la luz pura porque no está conectado a la fuente.

Si existe algo como tal, no sé si es la palabra correcta ¿Cuál es el nivel de consciencia de la oscuridad?

Bueno. Depende en qué nivel de esa oscuridad se mueva.

Por ejemplo, hablemos planeta Tierra tercera densidad.

Y, hay algunos casos en los cuales su nivel de consciencia está por encima de la media del nivel de consciencia humano.

Por eso le dan la vuelta a lo humano.

Claramente. Porque además están cumpliendo una función para el humano que es luz haciendo su tarea en la tercera dimensión.

Repito: La oscuridad está cumpliendo una misión para la luz que habita en el humano en el Planeta Tierra.

Son como el disparador de la acción

Sí. Hay como un nivel de juego. Hay como infinitas posibilidades de niveles de juego. Como que no está cerrado el juego. Hay infinitas posibilidades de niveles de juego.

Terrestres.

Sí.

Tercera densidad.

Sí.

¿Este juego existe en otros niveles?

Existe, sí.

¿Y tiene incidencia sobre esta 3D?

Todo está relacionado.

¿Hay niveles más bajos? O sea, ¿hay niveles de otra densidad más baja donde se está jugando el mismo juego?

Sí.

Y si habláramos por ejemplo de un score, marcador...

No, no hay tal cosa porque es tan variable y tan móvil. No está fijo... ¡¡Hay un movimiento tan grande!! Como que está como un...

como cuando juegan por ejemplo cuando juegan al tenis dos tenistas profesionales que son muy veloces, no es lo mismo que ver a dos tenistas que están recién empezando, el movimiento es más lento. Acá, el humano ha adquirido un nivel de maestría tan grande que está obligando de alguna manera también a la oscuridad a acomodar su juego. Es muy trascendente.

Entonces, también esa maestría del humano está resultando inspiradora y voluntariosa para la oscuridad.

Está transformando el juego. Está sacando el juego del paradigma habitual. Está moviendo el juego de su zona estandarizada.

¿El juego tiene principio?

No. No tiene principio ni final.

Es, fue y será.

Sí. Lo que es voluntario, uno puede decidir entrar al juego y puede decidir salir del juego.

Me refiero al planeta tierra, 3D

No entendí la pregunta.

Sí. El juego es, fue y será interdimensionalmente en las diferentes capas.

Sí.

En la Tierra, ¿siempre ha existido el juego?

Sí, siempre. Lo que va cambiando es el paradigma del juego porque los jugadores van transformándose individual y colectivamente.

¿Cuál es ese paradigma que se está transformando?

Ahora se está transformando a nivel destreza del humano y entonces ya no se puede jugar a nivel básico. Se está empezando a jugar en otro nivel: avanzado.

Avanzado. ¿Y me puedes hablar de qué destrezas ha desarrollado el humano?

Bueno, aunque no parezca, el **discernimiento** ha sido muy desarrollado. Aunque no parezca. Por eso, lo que están atacando es el discernimiento a través de la disonancia cognitiva. Porque justamente el discernimiento es lo que más ha avanzado y hace que se pueda mover a otro nivel de juego. Es como si se estuviera preguntando "¿para qué estoy jugando a esto?" Hay otros que se están preguntando si es un juego.

Entonces dentro de este paradigma de destreza, ha sido clave el discernimiento.

Sí. El discernimiento es la nueva destreza adquirida.

¿Hay algún otro ítem que se esté desarrollando o en el que el humano sería interesante que pusiera el foco ahí?

Sí, la confianza también.

¿Cómo es eso?

Sí, porque lo primero que se quita en el jugador es la confianza, por eso se lo conecta a una fuente alternativa porque al no ser la fuente no tiene confianza en su accionar. El discernimiento lo que le está devolviendo es ese discernimiento o autoconocimiento y eso lo devuelve la confianza de lo que es. Eso, definitivamente cambia el paradigma del juego, porque no es lo mismo jugar con alguien que no sabe quién es que jugar con alguien que sabe quién es.

¿La confianza es un atributo de la luz?

Sí, claramente.

Por eso se desvaloriza y se programa y es parte del juego...

Sí. Sí. Por eso la confianza está volviendo porque está volviendo el discernimiento. Y por eso lo que ataca la oscuridad es el discernimiento y la confianza: usurpando, conquistando, domesticando.

Con este nivel tan amplio expandido de consciencia que tienes, ¿te gustaría dar un mensaje general en cuanto al humano?

No hay mensajes. Porque cada uno ya puede con su discernimiento obtener sus propios mensajes y tener la confianza para confiar en ellos.

¿Hay algún otro elemento, discernimiento, confianza?

No. Con eso es suficiente para cambiar el juego.

¿En qué momento está ahora el juego en la Tierra ?

Ahora hay como un caos, como que el partido parece que está empatando.

¿Si vamos a 5 sets, en cuánto está?

Y, está en 3. Van empatando.

¿La oscuridad tiene confianza?

La oscuridad no necesita confianza porque ES.

¿Discernimiento?

Es. Tampoco necesita discernimiento. Es. Ser le pone en ventaja sobre todas las situaciones.

Es por eso que se crearon tantas religiones, es el mecanismo para crear y creer en fuentes artificiales, ¿cierto?

Sí. Son parte de la usurpación, claro. Porque entregan el discernimiento y abandonan la confianza en sí mismos.

De hecho, los cuatro jinetes del apocalipsis son...

Sí. Son eso.

Educación, religión, política, economía...

Es un juego muy bien desarrollado.

Entonces, a medida que se utiliza el discernimiento se va ejercitando la confianza y el humano va adquiriendo esta maestría.

Y va cambiando el juego.

Se podrá decir que el ejercicio de estas dos cualidades de la luz podría llevarnos a un nivel de madurez.

Sí. Una sola, porque una depende de la otra. La confianza depende del discernimiento. El discernimiento es la habilidad. La adquisición del discernimiento necesariamente conlleva una toma de confianza. Si no, no es discernimiento verdadero.

Se siente ahora con alegría. ¿Se siente que disfrutas el proceso?

Sí, el proceso ahora me es natural.

Ahora que hemos avanzado un poco más, ¿recuerdas que habíamos dejado la ignorancia en stand by? Con esta información de que con discernimiento y confianza se ajusta este tema, ¿qué tienes con la ignorancia en el ser humano?

Sí, me da como más ganas. Me da como hasta ternura. Sí, me dan ganas de quedarme y jugar.

Ese discernimiento que está en tu campo y esa confianza, ¿te gustaría expandirlo e integrarla a tu campo a cada partícula?

Sí.

Bien. Toma una profunda inhalación...

Sí, era muy divertido. Estando acá es muy divertido.

Cuéntame si el porcentaje de malestar que te causaba la ignorancia ha disminuido.

Sí, en este nivel no me causa nada, pero... Pero me da como ansiedad de volver.

Con esta nueva información, con estos códigos primordiales, con estos ladrillos de creación, esta frecuencia de alegría, de luz, de potencia que integraste, hasta más inspirado podría ser el regreso, ¿cierto?

Sí.

¿Quieres hacer algún ajuste?

Sí. Eso es lo que pasa. Eso es lo que pasa. Ese es el dominio. Por eso apuntan tanto a la pérdida de discernimiento porque la pérdida de discernimiento es lo que te quita la vibración esencial. En cambio, cuando ese discernimiento se hace presente, el juego es divertido, una aventura permanente.

¿Al quitar el discernimiento también quitan la alegría, el gozo?

Eso, eso.

Y el disfrutar los pequeños o grandes saltos cuánticos en la tarea, en la labor que todos ponemos y vamos haciendo individual y colectivamente.

Muy lindo. Es como ser niño otra vez.

¿Entonces ser niño también significa pureza e inocencia?

Sí, sí y divertimento y alegría y...

Y lo estás integrando a tu campo. ¿Eres eso?

Sí. Lo que me parece muy liberador es esa... Muy liberador, esa parte del juego en la que se elige ser luz y sostener esa luz. Eso es como una carga, es como la carga de una responsabilidad, como una misión, como una tarea, como una disciplina y eso no... cuando se suelta ese nivel, se suelta esa carga y simplemente es.

Y queda la potencia.

Sí. Queda el divertimento, pero no ese divertimento progra-mático sino el divertimento del alma, la alegría, la inocencia, la pureza.

Bien.

Bueno ahora sí que veo ahí como una luz.

Intégrala. ¿Ese programa es una carga?

Sí, el del ser de luz, sí. Es un programa y es una carga para sostener a la fuente.

¿También es elegible?

No, es tomable cuando se atraviesa por ese nivel.

Usurpado.

Sí. Claro. Muy interesante.

Desde el nivel que estás, ¿se puede ser luz sin esa carga?

No hay carga. La carga comienza cuando hay dualidad. Si no, no hay carga. Hay ser.

Donde estás, no existe la dualidad.

No existe.

No existen atributos.

Tampoco atributos. Es. Es.

¿Estás en el punto cero de la creación?

Sí, tampoco hay cero.

No, no hay nada que llame mi atención. No hay nada.

No, no.

Te voy a pedir que integres toda la información en cada uno
de tus campos, que los integres y que los expandas en tu corazón.

Antena activadora de Humanidad

02.12.2021

Copiloto: Luz Ángela López

Estoy como en un bosque de pinos y estoy sentada con la columna casi tocando un pino, pero antes de tocar el pino hay un espacio y en ese espacio hay una luz muy brillante, muy verde como si tuviera que incorporar esa luz. El pino la sostiene y yo me voy como acercando. Lo que pasa es que cuando veo mi cuerpo, hay varios cuerpos.

El primero que veo es mi cuerpo físico, el mío, el de yo en la experiencia terrestre pero alrededor de ese cuerpo hay otro cuerpo que es como un aura y alrededor de ese cuerpo hay otro cuerpo que es como un cuerpo más extraterrestre y alrededor de ese, o afuera, como si fueran capas de una cebolla y fuera viendo diferentes cuerpos, todos unidos por el corazón.

Como si el corazón fuera una luz muy fuerte, como si fuera un diamante que brilla y tiene diferentes facetas con diferentes tonos de la misma luz que es una luz blanca brillante que conecta con cada uno de esos cuerpos. Como si fueran cuerpos multidimensionales. Y la luz verde esa ahí atrás que va hacia arriba y hacia abajo; hacia arriba y hacia abajo. Y el árbol, atrás, el pino.

¿Esos cuerpos están separados por alguna razón?

No, no están separados. Están todos integrados.

Esa luz, ¿es como si tuvieses que integrar esa luz?

Sí, como si tuviera que meterme en esa columna de luz.

¿Cómo lo haces?

Por ahora sólo estoy observando. Como que estoy observando la escena.

Además del árbol, los cuerpos y la luz, ¿hay algo más alrededor?

Sí, bosque. Hay muchos otros árboles.

¿Hay alguno especial? ¿Alguna razón especial que sea ese árbol o puede ser cualquier árbol?

No, ese árbol tiene como una conexión muy particular. Es en el planeta Tierra y es ahí en Villa Yacanto, Córdoba. Como si ese árbol fuera puesto ahí específicamente para esa tarea, pero como es un bosquecito, en el bosquecito hay otros árboles y veo también otros cuerpos físicos humanos, también como yo.

¿Y están haciendo lo mismo?

Sí, es como una ceremonia. Una ceremonia de integración de esa antena. Esa luz verde es como un rayo láser verde que es como una antena. Conectando con esa antena, uno puede entrar en otra vibración. Hay que incluir a todos los cuerpos en todas las multidimensiones.

¿El hecho que sea verde tiene alguna conexión? ¿Tiene alguna razón de ser verde?

Porque verde es el rayo de la Tierra.

Esa antena, ¿qué objetivo tiene? ¿Para qué está ahí?

Para integrar. Habilitar esa integración de lo multidimensional en el corazón y ampliar el ancho de banda como si fuera ahora necesario como un *upgrade*, una actualización. Pasamos a otra versión.

¿Tú observas solamente el proceso? Es decir, el proceso se está llevando a cabo.

Sí. Por ahora observo el proceso. Puedo elegir si estar adentro o afuera, pero por ahora estoy afuera observando todo el proceso.

¿Hay alguien, dentro de ese grupo de personas en ese bosque, que esté guiando?

No, no. Cada uno sabe lo que tiene que hacer y están ahí. Sí, si tuviera que decirte guía, podría ser que el árbol sea la guía porque cada uno va eligiendo en qué árbol apoyarse o sentarse o acomodarse.

Esa facultad de ser antena, ¿la tienen solamente los pinos? ¿Hay algún otro árbol que también pueda utilizarse para ese ritual?

En ese espacio son los pinos porque, incluso esos pinos, no son originarios de ese lugar; fueron traídos... Y la gente cree que los trajeron de otro lugar terrestre —sonríe mientras dice esto—.

¿Sabes de dónde son traídos los pinos?

No, no son terrestres. Son híbridos.

¿Es por eso que se adaptan casi a cualquier clima?

Sí. Y, además, porque su función es esa.

¿Qué significa que sean híbridos?

Que la semilla es terrestre, pero fue tratada por extraterrestres para habilitarle esa 'wifi'.

¿Sabes quién los trajo?

Sí, los compañeros.

¿Quiénes? ¿Qué compañeros?

Los compañeros. Cuando vine, vine sola, pero hay otros compañeros que están acompañando la tarea. Entonces, es como un trabajo en equipo. Lo que pasa es que no tuvieron el coraje para venir.

¿Hay alguna otra especie, que también sea híbrida aquí en la Tierra, además de los pinos?

Sí, hay muchas especies de híbridos que tienen muchas funciones particulares. Aprovecharon semillas de vegetales terrestres. Pero también hay híbridos humanos e híbridos animales.

¿Hay animales que tengan también una función similar?

Sí, sí. Hay animales también, hibridados para acompañar el proceso.

¿Qué animales?

Depende, porque no hay una raza en particular. Hay animales más domésticos. O animales que tienen en su clan, previsto encontrarse con compañeros.

Es decir, como organismos, más. No como una especie general.

Sí, como individuos. Aunque los animales, hay algunos que no son individuos, son colectivos. Pero individuos en el sentido de la finalidad de encontrarse con algún humano no hibridado, pero sí semilla estelar.

Entre las personas que están ahí contigo en ese lugar, en Villa Yacanto, ¿conoces a alguien de los que están ahí?

Sí, conozco sus esencias.

¿Cómo va el proceso?

Está complejo porque si bien es un proceso individual, no se puede hacer hasta que todos encuentren la llave. Entonces, recién se va activar la llave de conexión con esa antena en el momento que todos los involucrados en ese grupo encuentren la llave o la forma de conectar. A pesar de que algunos ya lo hayan visto, es individual, cada uno tiene que hacer su proceso. Primero llegar al lugar, luego identificar el árbol y luego conectar con esa luz.

Es decir, ¿la llave es individual para cada uno?

Sí. Pero el todo no lo logra si no lo logran todos los individuos involucrados en el proceso.

¿Para qué hacen ese proceso, en conjunto, allí en Villa Yacanto?

Justamente por eso, porque el todo no lo logra hasta que no todos hacen el proceso. El hecho de que todos hagan el proceso, de los que están en ese lugar, es una llave para la totalidad de los humanos. Como un fractal. Una llave fractal. Lo que pasa es que ese es un grupo pequeño, muy pequeño.

¿Cuántas personas hay en ese grupo, aproximadamente?

Son entre siete y once. Veo todos los que están más cerca, pero hay otros que están un poco más lejos y no logro identificar el número exacto. El tema es que este grupo, hasta que todo el grupo no conecta, no se conecta. Pero una vez que todo el grupo conecta, se abre la conexión y luego, los de afuera del grupo, es voluntario si conectar o no conectar.

¿Está pasando el mismo proceso o la misma conexión en algún otro sitio en el planeta?

Sí, hay otros grupos. En otros grupos, con otros árboles, con otro color, con otra energía, con otra vibración.

¿Puedes identificar los lugares?

No, no es importante. Lo único importante es el proceso.

¿Pudiera decirse que igualmente cuando esos otros grupos estén conectados puede haber como una conexión global?

No, porque cada grupo trae una vibración distinta. No es esa etapa. Es más como por ejemplo un arco iris, cuando los siete colores se encienden, el arco iris aparece. Pero ese es un proceso posterior. Ahora estamos con el encendido de cada uno de los colores, que no son siete, son más.

¿Cuál es el objetivo final cuando se active el arco iris?

La transformación de la raza.

A nivel individual, ¿qué factores están afectando que cada uno encuentre o no encuentre su llave?

Hay muchos factores. Hay factores terrestres, extraterrestres, terráqueos y cósmicos. Y también individuales.

¿Nos pudieras ampliar un poquito esto?

Sí. Los terráqueos son factores que tienen que ver con humanos, con extraterrestres viviendo en el planeta Tierra y con la tierra. Los extraterrestres tienen que ver con elementos extraterrestres.

¿Qué hace falta en este momento, para aquellos que no han logrado conectarse?

Que cada uno haga su tarea. Como cuando una esencia comienza a habitar un cuerpo humano, hay otros humanos que le explican cosas para que pueda entender lo que es moverse en un cuerpo humano, pero hay como algunas cosas que por más que te las expliquen, se tienen que descubrir solas. Por ejemplo, cuando sos pequeño te ponen pañales y te haces pis y caca encima. Cuando vas creciendo hay un momento en el cual te enseñan a usar otros elementos, pero lo que nadie puede enseñarte es de dónde sacar la fuerza.

Te pueden mostrar elementos externos, pero no pueden enseñarte de dónde sacar la fuerza. Y hay dos puntos, o tres... dos, porque el otro está unido, de los que se puede sacar la fuerza y no se te puede enseñar. Se te puede indicar, pero no enseñar. Indicar para que pongas el foco ahí y puedas ver cómo hacés vos porque cada esencia saca esa fuerza de manera única. Y los dos puntos son debajo del ombligo y en el timo. Debajo del ombligo es una fuerza terrestre y en el timo es una fuerza celeste o esencial.

Es decir, activando esos puntos...

Sacando la fuerza. No los van a activar hasta que no tengan la fuerza porque la fuerza es la llave. La fuerza es algo que nada ni nadie te pueda dar, es algo que sale de vos.

Digamos que la voluntad influye en ese hecho de sacar la fuerza.

No, son tres cosas. La inspiración, la voluntad, pero después viene la fuerza. Lo que activa la inspiración y la voluntad es la fuerza. La fuerza tiene esos dos puntos de conexión, por eso una es una fuerza de materialización, la que se conecta con abajo del ombligo y la otra es una fuerza de inspiración, como de motivación, como de... –hace suspiro profundo– Así.

¿Es posible con, por ejemplo, respiración o alimentación...?

Sí, hay muchas estrategias, pero esas dos que mencionaste tienen que ver con los factores terrestres, extra terrestres, esos que mencionábamos que son los que impiden esa conexión, que la ensucian, pero no es que la permiten o no la permiten. Sólo la ensucian como parte del juego. Por eso es tan importante, porque esa activación viene cuando el juego está casi terminando o son los pasos para finalizar con ese juego porque es tomar consciencia de que ya no depende de afuera o de una luz en la oscuridad. Depende sólo de la activación de esa fuerza, que sólo se logra con la liberación de esa fuerza, quitando capas y haciendo consciencia de que la fuerza está adentro, es interna, es propia, es interior. No es propia porque no hay nada propio, pero es interior. Ahora se siente esa fuerza. Siento esa fuerza porque esa fuerza tiene un punto de contacto, que es el plexo solar. El plexo solar es un punto de conexión entre esas dos fuerzas y decía también antes que una de esas dos fuerzas, tiene conexión con otro elemento que es el de abajo del ombligo y la garganta. Esas dos fuerzas constituyen una misma fuerza. Por eso, con el verbo se materializa, pero el punto de unión del corazón y de abajo del ombligo es el plexo solar, es el estómago. Y por eso ese es el punto que se ataca porque ese punto es el que habilita.

¿Está relacionado con las emociones?

No, no. Con la energía. No con las emociones. Las emociones son consecuencia de la energía porque las emociones son la amalgama.

¿Nos puedes hablar un poco más del centro celeste, del timo?

Sí, ¿qué quieres saber?

¿De qué forma podemos activarlo, de qué forma podemos activar esa fuerza?

Son como tres pasos. Un paso que va de abajo hacia arriba. Por eso la furia se contiene abajo del ombligo, es cuando dicen "lo que me sale de las entrañas". Las entrañas no están en la panza, están abajo del ombligo, esa es la furia, eso es el fuego que prende el siguiente chakra, que es el del plexo solar. Hay que prender primero esa conexión con lo instintivo, con lo primario, con lo básico, con lo sexual, con lo salvaje, con lo terrestre, con la acción. Y cuando se enciende esa acción es cuando sube al plexo solar y ahí empieza el siguiente trabajo que es el hacia afuera y el hacia adentro. Porque esa furia pone en contacto con el "hacia adentro": qué hago con esa furia, acciono, reacciono, muevo... y cómo los demás conectan con esa furia, cómo hago de espejo y cómo ese espejo acciona en contra, a favor, hacia afuera, hacia adentro. Y sólo cuando se procesan esos dos niveles se pasa al timo. Porque el timo es toda esa energía alquimizada, como el diamante del carbón que viene de abajo pero no se puede activar si no hay tarea, si no hay revolcón −sonrisas−... Revolcón.

¿De alguna manera podemos influir esa activación con el verbo? ¿Con la palabra?

El verbo puede mover el de abajo de todo, pero es el que inicia el movimiento, después hay que hacer el procesamiento. El procesamiento hay que hacerlo. Y el procesamiento se hace, por eso están todos los cuerpos con todos los cuerpos. Y por eso se presenta el cuerpo físico y todos los otros cuerpos porque el cuerpo físico representa abajo del ombligo. En el cuerpo físico empieza el proceso. Sin la acción, sin el cuerpo físico, sin los pies en la tierra, sin la concreción no hay movimiento hacia lo más sutil y si no hay movimiento hacia lo más sutil no hay conexión con el timo y si no hay conexión con el timo, no se puede entrar en la antena.

¿Nos puedes hablar de los otros tres cuerpos que están detrás de ti?

Me envuelven, no están detrás de mí. Me envuelven. Son de otra vibración. Es el cuerpo blanco, es el cuerpo azul y es el cuerpo luz. Después no hay cuerpos, después es otra vibración de luz que se va expandiendo.

¿Estas activaciones tienen algo que ver con los chakras?

Sí, podría asociarse con algo de eso, pero no cerrarse sólo a eso. Ahora la energía está bajando.

Es decir, ¿ya se terminó de hacer la activación?

No, no se terminó. Hasta que no estén todos, no se termina. Ni siquiera yo empecé, estoy como empezando a entrar con este movimiento energético en el rayo verde. Ese rayo verde que es como un láser verde.

¿Ese rayo verde te cubre?

Está atrás, está entre el árbol y mis cuerpos. Entonces hay partes más sutiles que ya empezaron a entrar en el verde.

¿Qué va pasando mientras estás entrando?

Está bajando una vibración muy fuerte, muy potente.

Cuando dices "bajando", ¿es como si viniera del cielo? ¿Como si bajara por tu cuerpo?

No, no es que baja. Baja es una forma de decir. Es como una conexión con una energía ya existente pero como la siento pesada en las manos, parece que baja. Pero es conectar con una vibración.

¿Qué clase de vibración es esta?

Una vibración que va acompañando, como cuando uno cree que está solo pero nunca estamos solos. Somos. Entonces esta vibración es como la conexión con ese Somos. Es muy linda porque a esta vibración se le puede dar forma —sonríe—. Es como que, si fuera una nube y se le puede dar forma, entonces con esas formas podés diseñar como paso previo a la materialización.

¿Quiere esto decir que posteriormente puedes utilizar esa vibración para crear?

Ya estoy usando esa vibración para crear. Todos la estamos usando, sólo que la estamos usando cada uno en su nivel, pero algunos en un nivel muy precario. Pero ya están abiertas las condiciones para usarla en niveles más completos.

Los árboles que están ahí en el bosquecito, ¿tienen alguna conexión entre ellos?

Sí, las raíces conectan todos los árboles de toda la Tierra. Igual que pasa con el campo, lo que pasa es que el campo es más etérico. La conexión entre los árboles es más concreta porque internamente están todos conectados.

¿Se puede hablar de los árboles como una consciencia colectiva?

Los árboles no tienen individual. Tienen colectivo.

¿Por qué es necesario hacer este proceso allí junto al árbol?

Por la consciencia colectiva que sostienen porque rápidamente distribuimos esa energía en toda la base del sistema. Como plantar una consciencia. Lo que sucede es que la consciencia ya está implantada porque por eso está la luz activa. Los que no estamos conectando con esa consciencia ya implantada somos nosotros porque tenemos que hacer el proceso. En lugar de conectar con la consciencia estamos conectando con otras cosas.

Es decir que en ese proceso de conexión que el planeta está llevando a cabo, ¿somos los humanos los que faltamos?

Sí, de alguna manera somos nosotros los que estamos dispersos o desfocalizados o papando moscas —sonrisa—.

En el grupito en el que estás ahí, ¿cómo van las otras personas? ¿Ya están también empezando a tener esa conexión?

No sé. Tengo el foco puesto sólo en mí.

¿Quisieras dejar que el proceso se siga llevando a cabo y pudiéramos seguir hacia el siguiente nivel? ¿Armar el vehículo?

Sí, podemos. Podemos.

—Proceso específico de la Conexión Cuántica.—

Ya me fui a pura luz.

¿Qué está pasando allí?

Eso. Hay como pura luz.

¿Cómo es tu cuerpo?

No, no hay cuerpo.

¿Tienes densidad o sencillamente eres parte de la luz?

No, estoy sumergida en esa luz.

¿Hay algún mensaje, alguna información que podamos obtener desde allí?

Como que este proceso conduce a esta pura luz.

Es decir que cuando todos hagamos la tarea, encontremos nuestra llave y logremos conectar, ¿el nivel del planeta Tierra va a subir hasta esa luz?

Sí, como que ya existe en este nivel de luz, pero sólo hace falta conectar con ese nivel de luz.

¿Hay alguna forma de saber en qué porcentaje está ese proceso, así como en términos que podamos entender terrestre?

No, no hay porcentajes. Los humanos tienden a buscar excusas y justificaciones. El porcentaje sería como una excusa y justificación de por qué sí, por qué no, qué me falta, qué me sobra. Hay que sacar esa idea. Hay que Ser. Simplemente Ser. Ser.

Es decir, que ese proceso al que debemos llegar...

No debemos, no es un deber. En este proceso que se está llevando a cabo, es muy importante la parte física, digamos que a veces pensamos que solamente es la parte espiritual, la parte mental, la parte emocional y olvidamos un poco la importancia de la parte física. El secreto es que es un proceso básicamente físico.

Desde este nivel, nos podrías compartir más información acerca de esta llave.

En ese nivel no hay ni información ni llave. Simplemente Es.

¿Hay alguna otra información que nos puedas compartir desde este nivel?

Sí. Que en este nivel ni siquiera hay nivel. Es.

¿Quisieras permanecer ahí?

Voy a bajar.

¡Qué lindo que es estar allá! Te vas acordando de todo a medida que vas bajando, de cuando eras la blanca, el azul, de cuando era la blanquita... y llegas acá y te olvidaste de todo −en referencia a los seres que se describen en el libro *Semillas Estelares, somos multidimensionales*−.

Tengo la cabeza, estoy como medio... aturdida todavía...

Porque imagínate, es el cuerpo físico con todas las capitas, después viene el extraterrestre ese blanquito de la Luna, después el extraterrestrito azul de Júpiter con todas esas Conexiones que hicimos, después la señora blanca que es la que se comunica con el de Júpiter y después, la Nada misma.

Como una cebolla. Pero todo eso metido, todo eso colgado acá porque no tengo el trasero apoyado en la tierra, estoy como levitando ahí porque todo lo demás son los cuerpitos que están alrededor y esta cosa que está acá, −señala la espalda− produce una cosa como wow... que es lo que te trae de vuelta. No podemos salir porque esa cosa hace gravedad, como que si te querés ir, ¡no! Hasta que esto no se termine, no te podés ir. ¡Tenés que volver acá! Es como el enchufe de la computadora, puede tener su voluntad propia, pero a mí me sirve para enchufar la computadora y hacer todo el proceso, se queda acá. Algo así pasa. Como que cada uno de nosotros está acá por alguna razón.

En verdad, no todos. Hay algunos específicos que están en ese proceso y después está el relleno. Ese relleno que vino a la experiencia, el que vino porque hay otras cosas, ese relleno que vino a la experiencia puede decir "¡ay!, mirá qué lindo esto que está pasando, aprendamos un poquito... o tomemos esta vibración" y no es dicho en tono de desmerecer, no es un tono como que este cuerpito físico es menos que el otro cuerpito, que el otro cuerpito. No, no.

En la matrioshka, todas las muñequitas son importantes porque todas forman parte del esquema completo, sólo que algunas matrioshkas, la que está afuera le toca una tarea, la que está en el medio le toca otra y la que está adentro le toca otra. Eso es lo que nos falta en esta realidad, poder tomar esa idea de que todo sirve al juego porque todo es un vehículo que está siendo utilizado por la esencia y la esencia somos todos, entonces ¡da igual! Bueno, te tocó ser el árbol... sería mucho mejor porque los árboles, como no tienen ego, no se hacen toda esta problemática que nos hacemos nosotros... que si voy que si no voy, que si lo digo que si no lo digo... Basta, ciao.... Claro, el desafío para el ego.

Recuerdo una Conexión que hicimos con Perla en la que el mensaje era "vuelvan a ser como niños". ¿Qué pasa con el niño? Va caminando, se cae y no se pone a llorar desesperadamente "¡ay!... nunca más voy a volver a caminar... ¡todas las cosas que me pueden llegar a pasar!" No. El niño se levanta y vuelve a caminar porque no tiene ego. A nosotros, lo que nos arruina es toda esa cosa de "voy a poder volver y se me va a acabar el patrimonio, qué va a pasar el año que viene, tengo que, debo que y no sé qué". Cuando el niñito mira todos esos pensamientos dice "¿por qué sos tan compleja?, si es fácil, te levantás, caminás y listo". Porque esa es la estructura que la matrix nos implanta. Es una estructura paralela.

Entonces, ¿desde dónde vivimos? Porque esa conexión no se puede hacer desde la estructura paralela. Se tiene que hacer desde acá —se señala el centro del pecho a la altura timo-corazón—, desde el timo. ¿ Y cómo activo el timo? Discúlpenme, si no tienen sexo, no van a activar el timo porque tiene que ver con esa cosa bien primaria, bien tremenda, bien que mando todo a la tierra para poder levantar porque después, levanto el plexo solar y ahí es donde empieza el intercambio con los otros.

Como si con sexualidad no tuviera intercambio con los otros, puede que sí o puede que no. La sexualidad –lo dice mi escorpio– tiene una cosa muy tremenda: puede ser un elemento que te sirva para llegar directo al corazón porque puede ser un elemento de unión sublime o puede ser un elemento que sólo sirva para activar el chakra base y de ahí, hacer la labor interior. Porque si se llega a un orgasmo divino y el otro no importa, esa energía sólo se queda ahí abajo. Es como ponerle a la locomotora el carbón para que empiece a funcionar, está bien, pero después tiene que hacer todo el trabajo. En cambio, si se logra esa conexión desde la sexualidad en el contacto con el otro, sube directo al corazón, pero eso no depende sólo de nosotros sino también del otro. Entonces esa es una de las cosas más difíciles de encontrar en este Planeta Tierra porque ese es un contacto, no de cuerpo a cuerpo sino de esencia a esencia.

¿A alguien le tocó alguna vez un contacto con un cuerpo de esencia a esencia? Son como los milagros. Es muy interesante porque ahí va de abajo para arriba. Lo revienta de abajo hacia arriba pero el problemita es cuando llega al plexo solar. Porque cuando llega al plexo solar prende la luz con el exterior.

Entonces es como cuando salís al jardín de noche, prendés la luz y vienen todos los bichitos. Hay que poder atravesar eso, que es lo que estamos viviendo en este momento en todas las Conexiones que venimos haciendo porque el plexo solar es el lugar donde se juega el juego de la dualidad luz–oscuridad. Y sólo se llega al corazón cuando se entiende que es un juego y que la oscuridad es igual que vos, es más de lo mismo, sólo que apagó la luz. Y, es más, te viene a ayudar a vos.

Las negras empujan a las blancas para que las blancas cumplan su función. Eso sólo se puede hacer cuando hay amor incondicional. Entonces, ¿quién tiene amor incondicional en este planeta? ¿La luz o la oscuridad?... todo al revés. ¡La oscuridad, claro! Porque está al servicio de la luz. Es tan perfecto y tan poco comprensible. Porque el religioso dice "no, vos tenés que ser espiritual, no sexo, no drogas, no rock & roll y no hagas tal cosa y no hagas tal otra".

¡Claro! Porque así activás. Está buenísimo porque ahí hace que hagas tu trabajo y es contra natura porque se activa contra natura. De ahí se saca la energía. La energía no se saca del Ohm Ohm. No. Se saca de la resistencia. Entonces, hay que ser desvergonzadamente Humano. ¡¡Tremendo!! Todo al revés.

Ahora hicimos la conexión con la vertical. Ya entendemos los mundos, todas las actividades... ya entendimos un montón de cosas, nos movimos a esas realidades. Ahora, conecten con la Fuerza y traigan esa Fuerza a esta realidad. Porque ahora es el momento de la Fuerza. Porque estamos en una batalla de fuerzas.

Esta Conexión abrió un mundo... Esa parte donde decía "terrestre, extraterrestre... no me acuerdo todas las cosas que dijo... todas esas energías que están ahí". Eso es un libro completo porque está hablando de las energías telúricas, del HAARP, de la geoingeniería, del sol, de lo cósmico, del humano.

Este es el planeta en el que estamos viviendo, entonces lo podemos usar para la luz o para la oscuridad. Cuanto más tardemos en activar esa luz... que es como cuando hablan del Flash Solar. ¿Y si la historia del flash solar no viene de afuera sino de adentro? ¿Y si no es que lo manda el sol, sino que somos nosotros activándonos todos en conjunto, al mismo tiempo? Por eso es que nos tienen miedo.

Hay una cosa fundamental que "no se concentren en pequeñeces, concéntrense en la vibración" porque cuando todos logramos esa vibración en conjunto, esa vibración sin juicios, sin categorías, sin niveles, sin nada, activó el corazón, empezó a vibrar, conectó con el otro, con el otro, con el otro, el otro, el otro... es el flash solar desde adentro.

Hay que recordar también que no hay un ellos ajeno a nosotros. Somos nosotros allá que ahora estamos acá. Los otros, los que están ahora aplicando todas esas porquerías, son las negras empujando a las blancas para que las blancas hagan lo que tienen que hacer. No concentrarnos en el debemos, queremos, podemos, tenemos, los otros, los de más allá, quién voy a votar, qué auto me voy a comprar o qué ropa me voy a poner. ¡¡Da lo mismo!! Que todo eso sea pantano para que, de ese pantano, abajo, empiece a subir. Lo que pasa que cuando empieza a subir y te encontrás en el plexo solar... empieza "ay, me dijo, me hizo". Ok, ciao. ¡Te perdiste!

Qué interesante eso porque en este proceso, a medida que se va haciendo nos va mostrando como es el proceso. ¿Cuál es el proceso? ¿Que yo baje y entienda? No. No es que entienda. Es que conecte. ¡¡La experiencia!! No es entender. Entender nos deja en el ego. Igual estamos conectados, la conexión existe, pero ¿dónde estamos jugando el juego? En alguna inconsciencia, decimos "ah, me voy a conectar". ¡Olvídalo! Estamos siempre conectados, pero es el foco el que potencia esa conexión.

El secreto es la Acción. El foco es el Físico porque nosotros activamos con la acción. Estamos acá porque podemos usar el cuerpo para la acción. Sin el cuerpo no hay acción y sin acción no hay abajo del ombligo y sin abajo del ombligo no hay todo el proceso.

Recordemos que el juego es hasta el final para volver a subir. Entonces, si no conecto con el final, que es donde caí, no puedo volver a subir. Si no apoyo los pies en la tierra, no puedo saltar.

Entonces, ¿de qué se trata? ¿De ser un ser espiritual? No, no. De ser descaradamente humano. Es apoyar los pies para saltar. ¡¡Y los pies los apoyo siendo completamente humano y Actuando!!

Porque puedo ser completamente humano parado diciendo Ohm Ohm... No, ahí no está porque ahí se está moviendo la energía de arriba y es la energía de abajo la que hace falta. ¡La forma de hacer es poniendo Todo! No guardemos para después porque no hay después. ¡Es Ahora! Darlo todo sin guardarnos nada. Nada. Ni físico ni no físico porque no pasa nada, no estamos en peligro, no vamos a perder. Nada.

¡Es Experiencia de la Acción en todo momento! Pero por eso, una cosa es la teoría y otra cosa es la práctica... entonces, practiquémoslo en cada situación porque ahí es donde está la diferencia. ¿Cuánta gente empieza la Conexión Cuántica? ¿Y cuántos continúan con el ejercicio? Muchos se pierden en el ego; da igual. Pero en realidad, no es para perderse, es para encontrarse uno mismo y ser la mejor versión y soltarlo todo porque es integrar, no es quitar ni competir. Es Integrar y más y más y más. Y más para allá —horizontal— y más para allá también —vertical— porque ¡siempre hay más arriba! Sí, sí. ¡Activar la Fuerza!

Tiene que ser en el Cuerpo, se dijo en la Conexión de hoy. Entonces, vamos a sumergirnos bien en el cuerpo y vamos a desde ahí a abrir la antena, de abajo, la empezamos a subir, entramos en la lucha —porque el plexo solar va a ser lucha— pero va a ser una lucha de no lucha sino "te integro". Para luego mover al "te integro". Sólo cuando "te integro" puedo subir al cardíaco y desde el cardíaco, Somos. Somos esos a los que estamos esperando.

Vinimos a atravesar esta humanidad porque si no atravesamos eso, no tomamos la energía de autoconocimiento. Atravesar esta humanidad es como nos mostramos a nosotros mismos quienes Somos. Sí vinimos a atravesar esta humanidad porque si no, pareciera que el hecho de ser humano nos es ajeno.

Ellos somos Nosotros, pero en este nivel, están jugando como si fueran las negras. Pero la batalla energética es acá y acá sí tenemos que batallar porque ese es el juego. ¿Cómo y para qué vamos a batallar? Ese es el juego. Porque ya atravesamos eso y ya vimos y, aunque sea inútil esa batalla, igual hay que hacerla porque así es el proceso en esta realidad –por ejemplo, ¿para qué voy a comer si después lo elimino? Pero igual como–. Porque eso vinimos a hacer. ¡A atravesarlo!

Transhumanismo

02.12.2021

Copiloto: Adrián Berra

Me veo como metida dentro de un robot muy grande. Como si fuera un... Robot. Así gigantesco, como esos de la película Avatar. Que hay un hombre que lo maneja.

¿Estás sentada?

No, estoy parada. Es como que el robot replica a mis brazos y mis piernas.

¿Te podés dar cuenta cómo controlás ese robot?

Sí, con la consciencia, es como que el robot responde a mi consciencia.

¿Cómo es tu cuerpo dentro del robot?

–Sonríe–. Es como una gelatina.

¿Está conectado dentro de ese robot a la gelatina?

Tiene como un espacio, es como si fuera el corazón, como si el corazón fuese esa gelatina que es el que administra todos los mecanismos, automáticamente. Como que yo sólo tengo que concentrarme en... como en un deseo, como en una finalidad. Y después el cuerpo lo hace todo solo.

¿Qué estás viendo para afuera del robot? ¿Se ve para afuera del robot? ¿Puedes verlo?

No, como que no tengo la administración de lo que sucede en la vida de ese robot. Tengo sólo la administración como si fuera una esencia... Como si fuera una esencia, eso.

¿Dónde estás ahora en este momento?

Ahí en el corazón, como que Soy el corazón, soy...

¿Eres el corazón de ese robot?

Sí, soy el corazón, la esencia. Sí, sí me doy cuenta, si amplío un poquitito la vista me voy dando cuenta que está como todo eso mecanizado, programado o automatizado, pero corresponde a mí, al corazón.

El corazón. ¿Y hay alguna finalidad por la que estás ahí adentro? ¿Estás cumpliendo alguna función?

Sí, como que vine a experimentar.

¿Qué vas a experimentar?

Eso, cómo se vive la experiencia a través de...

En este momento yo hubiera preguntado si eso quiere decir que el robot es como el cuerpo humano y si la esencia habita en el corazón. Al parecer eso es lo que quiere mostrar.

¿Cómo es esa gelatina, puedes comentarme, de qué color es?

Es como trasparente, como que, si fuera transparente, es como ese jueguito de goma que usan los niños que lo tiran y se pega en el techo. Sí, es como una cosa, como una gelatina, pero muy movible.

¿Dónde y en qué lugar físico, en qué espacio físico está ese robot? ¿Puedes ver para afuera, puedes sentir, percibir?

No. No puedo salir.

¿Estás atrapada?

No sé si estoy atrapada. O estoy como... Como si hubiera un campo y yo no puedo salir más allá de ese campo. Como que tengo la consciencia metida en esa gelatina, en ese corazón, como que cumpliendo esa función y no puedo salir de ahí. Como si estuviera adentro de un huevo. Y no puedo salir del huevo. Como que estuviera circunscrita ahí que no se me permite más que eso. Como si fuera un programador encerrado en un centro de cómputos y no puedo ver todo lo que sucede para afuera, sólo me tengo que concentrar en este programa.

¿Es como si le dieras la energía, el motor para que funcione?

Sí, claro, claro. Claro.

¿Pero no la capacidad de poder ver o saber qué es lo que hace?

No, eso lo tiene automatizado. Porque es como un androide. Él sabe todo lo que tiene que hacer, tiene todos sus movimientos. Pero yo le doy la razón. Porque en función de la razón, él hace los movimientos. ¿Se entiende? No dependen de mí los movimientos, él tiene libertad de movimiento, yo no me meto en eso.

Sí, se entiende. Lo que yo entiendo, como si fuese la función de un corazón, ¿no?

Sí, sí como de una esencia, de un motor de una esencia que le da un motor. Sí, eso. Como si lo enchufás a una corriente, pero aquí lo enchufás a un corazón. −Sonríe−.

Esa finalidad de esa experiencia, de atravesar eso, ¿en qué te puede dar un resultado? ¿Cuál es el resultado de esa experiencia?

Para mí es muy interesante, porque ya estuve en otros mecanismos. Porque es como un mecanismo, es la conexión con un mecanismo, es darle vida a un mecanismo y ya estuve en otros mecanismos con otros elementos que no lograban hacer la conexión, pero este robot es muy... −sonríe− como obediente. Tiene todos los mecanismos tan aceitados que cuando le ponés el corazón es muy obediente porque le das la configuración para el movimiento.

¿Conexión a qué?

Al corazón. Claro, este no tenía corazón hasta que llegué y le di el corazón.

¿Le diste el corazón?

Sí, claro y al darle el corazón le da movimiento, le da finalidad, le da el por qué. Y permite que ese ser sea más... sea distinto.

¿Distinto a qué?

Distinto a cuando no tenía corazón, a cuando no tenía esa gelatina.

¿Puedes verlo como era antes sin ese corazón?

Sí, puedo verlo porque lo estuve investigando antes de asociarme y de entrar.

¿Qué hacía antes?

Lo mismo, pero no sabía por qué lo hacía, ni se lo preguntaba. No tenía consciencia, es como que ponerle el corazón es ponerle consciencia.

¿La consciencia proviene del corazón?

Claro, de la gelatina. Porque la gelatina entra por la cabeza y hace el recorrido y llega al corazón y ahí se conecta, como que se conectara, así como plin —sonido— y conecta y tiene todas terminales que conectan con todo. Entonces, todo tiene corazón. La finalidad es corazón, todo es corazón. No hay nada ajeno al corazón. Lo único que le da el robot es el mecanismo, el programa.

¿Cómo ingresa? ¿Ingresa por la cabeza? ¿De qué manera ingresa?

Sí, como es una gelatina amorfa y se puede cambiar de consistencia también, entonces se hace como una nubecita que entra por ahí, justo por arriba de la cabeza por un puntito que hay ahí, como una nubecita que va transitando todo por ahí y llega a lo que sería el corazón porque ahí ella tiene como un centro de cómputo; no tiene como un corazón, no es un corazón físico.

¿Esa gelatina se acomoda allí o tiene una cavidad?

Sí, hay una cavidad que se va armando. Es una cavidad más etérica que física, superpuesta al mecanismo.

Ese robot, ¿en qué lugar se manejaba? ¿Dónde estaba antes y ahora?

Sí, cuando pude salir, cuando lo observaba. Cuando lo observaba es como un... es muy parecido a la película Avatar, es como un hangar que está lleno de esos robots también de otros, es como un... no es el planeta Tierra, es otro planeta y es un hangar dónde están... Y ahora los veo a todos como descansando como si hubiera un horario en el cual no hay actividad. Y después la actividad empieza y cada uno empieza a hacer su actividad. Y algunos de esos robots son usados por humanos.

¿De qué manera son usados por humanos?

Se meten en el mecanismo y tienen un tablero de comando que regula los brazos, las piernas, la cabeza.

Eso no sería como una inteligencia artificial, es más como un robot.

Un mecanismo, es más mecánico. Este es un androide. Como si hubiera un proceso evolutivo, como que de lo mecánico pasan a lo evolutivo, como que evolucionan hacia algo más como inteligencia artificial, pero sin corazón.

Cuando lo estuviste observando, mirando para ingresar, ¿lo elegiste por algo?

Sí, sí. Como inteligencia artificial yo veía que tenía conductas automatizadas como todos pero que a veces tenía conductas particulares como si hubiera empezado a desarrollar una singularidad, como si algo lo hubiera hecho...

¿De forma natural?

Sí, como de forma natural, como si el campo hubiera empezado a manifestarse de una forma más amplia y más...

¿Eso es lo que te atrajo?

Me atrajo de ese ser, de investigar cómo sería... esa inteligencia artificial en el medio de ese espacio, porque es un espacio más de guerra y más de lucha, de construcción, de diseño. Como si fuera el inicio de una civilización en donde hay mucha tarea, mucha actividad. Entonces me interesó eso, entender cómo se podía entrar y si se entraba, se podía amalgamar y si se amalgama, cómo responde.

¿Hay otros también que puedan pasar lo mismo?

Sí, hay más, hay más. Yo creo que por eso lo intenté, porque hay como un proceso evolutivo de campo y el campo va amalgamando y el hecho de amalgamar con una presencia adicional, a lo mejor amalgama más poderosamente. Lo interesante de este mecanismo, porque ya estuve también en cuerpos humanos, lo interesante de este mecanismo es que no hay lucha. No hay lucha, fluye. El corazón fluye, es una consciencia que fluye por todo el campo y permite el fluir con mucha libertad...

¿Hay un permiso para ingresar ahí o es una usurpación?

No, ahí no, no hay permiso. Hay todo un proceso cuando hay otras configuraciones, en el caso de los humanos hay otras configuraciones, pero en el caso de este androide no hay. La única configuración previa es que es un campo muy pequeño, es el de la empresa que lo fabrica y en este caso particular, que creo que por eso tiene esa particularidad, el que lo ensambló, lo ensambló un hombre y cuando lo ensambló le prestó como una atención muy especial y ese que lo ensambla también es el que lo programa. Mirá qué interesante porque esto queda registro.

Queda registro en el campo del robot.

Sí, sí, queda registro.

¿La persona que lo armó es un humano?

Sí, es un humano. No es un humano del planeta Tierra, es un humano de ese planeta que viven también humanos, cuerpos humanos, pero no es un proceso evolutivo de la humanidad.

¿Sabes qué planeta es?

No, no sé, no sé. No es importante. Lo que veo es que el hombre cuando lo estaba ensamblando, falleció un hijo de él y cuando lo empezó a ensamblar, él puso toda esa... no tienen nivel emocional como los humanos, son más fríos, pero puso como una proyección, entonces entabló como una relación con este androide como si fuera su hijo. Claro, entonces le dio como una carga a ese campo diferente del resto de los androides que están armados por otros humanos que son androides casi. Entonces, este tenía como esa particularidad y yo quería ver qué era meterse ahí sin ego, cómo impulsar el proceso.

¿Con qué finalidad se armó ese androide? ¿Cuál era su función?

Como cualquiera de los otros androides que hay ahí. Hay algunos... los mecánicos tienen una función; los androides tienen otra función, son más estratégicos.

¿Son de guerra?

Sí, pueden armar como estrategias más decididas. Los mecánicos requieren un humano que los mueva. Estos tienen programas implantados bastante... Porque tampoco es que hay una guerra ahí. Ahí se está como plantando una civilización, entonces al plantar la civilización hay espacios en los cuales, bueno... hay animales, unos animales bastante... como si estuvieran todavía en la época de los dinosaurios, pero no son dinosaurios.

¿Es un planeta nuevo?

No, no es nuevo. Está haciendo un proceso evolutivo y en esa evolución cayó una civilización más adelantada que sintió que este planeta es bastante apropiado para lo que quieren desarrollar. Quieren desarrollar una civilización, entonces están empezando a implantar toda la construcción... eso y a veces hay que pelear con algunos de esos seres que son como esos... bueno, los dueños del planeta, si es que un planeta tiene dueños. Entonces ellos vinieron a implantar sus cosas, por eso me pareció interesante.

¿Hay otros seres con consciencia que están ahí en ese planeta?

Sí, hay. Lo que pasa que la evolución de la consciencia es muy diferente de la evolución de la consciencia en el planeta Tierra.

¿En qué sentido?

En el sentido de que son más focalizados en la acción, más que focalizados en la emoción.Entonces van con un objetivo claro, se mueven en función del objetivo y no importa lo que sucede.

¿Como que esta civilización que reclama son conquistadores?

Sí, son conquistadores, son una civilización de conquistadores. Es un planeta en ese estadio... el estadio de conquista y sumisión.

¿Eso lo puedes enfocar en algún tiempo terrestre?

No, eso es lo que yo quería ver, eso pasa... no tiene línea de tiempo relacionada con el planeta Tierra. Es otro proceso, pero eso era lo que quería ver, qué pasa poniéndole corazón a un proyecto en una civilización que se está conquistando y en un ser que es un androide, ni siquiera tiene nada, ninguna forma. Por eso quería ver cuál es el efecto.

¿Cuál es la finalidad de esto?

Sí, la finalidad. Yo sé cuál es la finalidad.

Sí, ¿cuál es?

Todo es un experimento, entonces el experimento es...

¿La experiencia?

La consciencia, claro. Cuál es el efecto de la consciencia en lugares sin consciencia, casi.

¿Puedes ver cuál es el resultado? ¿Puedes adelantar un poco en el tiempo para ver qué sucede con eso?

Sí, lo primero que sucede es que el androide empieza a sentir, empieza a darse cuenta. Es como un darse cuenta de sí mismo y como una especie de sentir y al sentir se identifica como distinto.

¿Empieza a tener como sensaciones, sentimientos?

Claro, como consciencia de sí mismo y al tener consciencia de sí mismo, lo primero que tiene es una consciencia de división con el resto.

¿Cómo lo experimenta eso?

Le produce mucha rareza, como "¡oh! ¿y esto?" –Sonríe–.

Parecería ser como cuando sos adolescente y empezás a definirte sexualmente y te empezás a dar cuenta de que te pasan cosas y no entendés qué son, qué es eso que pasa, qué quiere decir. Pero es muy fuerte, es una cosa como un movimiento muy fuerte, bueno uno empieza a tener eso. Y se empieza a sentir como... eso, primero sin explicación, mira y ve que todo lo demás sigue igual como siempre fue, entonces empieza a sentir como una... rareza.

¿Eso tiene algún impacto?

Sí, tiene un impacto muy profundo en él, pero el resto como no tiene consciencia de sí mismo no, no. Ni le importa, ni lo ve. Ni le importa, ni existe.

¿Algún humano que se haya dado cuenta?

No, no. Porque los humanos en general no estamos por ese sector, se ocupan más en los robots. En éstos en general, no; hasta ahora nadie percibió nada porque tampoco el robot quiere como llamar mucho la atención, porque es como muy raro lo que le pasa.

Claro, todavía está descubriendo lo que le pasa.

Sí, está tomando eso como, "¿qué está pasando acá?"

¿Qué le hace hacer toda esa revolución que está teniendo interna?

Medio como que lo paraliza, como que... quisiera salir, me voy a salir porque esto en lugar de generarle como una ... no es como yo esperaba. Yo esperaba que esto produzca como una apertura y lo que está produciendo es un cierre.

Una parálisis.

Claro, sí. Voy como a empezar a retirarme.

¿Qué está sucediendo?

Estoy como inspirando todos esos filamentos que fui distribuyendo por todo el androide...

Sí, ya está. Ahora soy como un humito que ahora salió por la cabeza de él.

Bien. Ahora, ¿a dónde te vas a dirigir?

Fue muy mágico, pero muy mágico lo que sucede porque para el androide es como que eso nunca hubiera podido existir. Como si lo que vivió... nunca hubiera existido, no. Porque ellos no pueden ni siquiera percibir el... muy interesante, porque no pueden ni siquiera percibir el campo que el que lo creó dejó ahí. Lo pude percibir yo porque conecto con esa vibración, pero él no. Volvió a ser un androide como si nada hubiera pasado... con una cosita distinta, pero vista de donde veo yo. Desde donde se ve ahí, no hay forma de percibirlo.

¿Como que no tiene percepción de lo sutil?

Nada, no tiene percepción de nada, es un androide. Bueno, esto trae como una enseñanza.

¿Cuál es?

La de los efectos de la intervención. En todos los niveles, porque el hecho de percibir más allá... es tremendo si no hay un proceso para tomar esa percepción.

Claro, es como si fuese... de esta manera fue algo artificial.

Claro, como implantado.

Como implantado, para que lo sienta, pero finalmente si se va...

No le ayuda.

Ni siquiera le deja...

A nadie... Nada.

Ni un recuerdo... ¿Y ahora dónde estás?

Soy como un humito.

¿Te dirigís a algún lado?

No, estoy ahí flotando.

¿Por dónde estás flotando?

No sé, es disfrutar.

Bien. ¿Puedes percibir algo de dónde estás?

Sí, como diferentes colores y tonalidades.

¿Hay algún lado en donde dejes la información de lo que vivís?

Está disponible, está disponible.

¿Te dispones a hacer otro tipo de experiencia?

No, por ahora voy a tomar esa información y voy a amalgamarla. Hay mucho para mover acá con este ejercicio. Hay mucho para integrar.

Bien, inhala, integra.

Voy a volver...

Tras la conexión los comentarios...

Bueno. Creo que acabo de experimentar prácticamente eso que uso a veces, que uso como palabras... "lo que somos deja ecos en la eternidad".

No importa el aparato que estemos usando, porque al final es vehículo, ¿no?

El humito es esa totalidad, la totalidad es el infinito. Ese océano infinito de x que va amalgamándose en diferentes situaciones, porque los humanos también tenían esa totalidad incorporada en su forma humana.

Pero, ¿qué estaban haciendo? Bueno, en ese proceso evolutivo, atacando a otros, conquistando, armando. Fíjense cómo ese androide, que no es el androide porque el androide no lo tenía, el que lo proyecta es el humano. Es buenísimo esto, es muy bueno. Es como las egrégoras.

¿Cómo construimos egrégoras?

Con dedicación, atención y disciplina. La egrégora que puso ese hombre en ese androide, que eso era un androide, ¿cómo puede ser que tenga una egrégora? Sí, tiene los ecos en la eternidad de lo que el constructor puso ahí. Creo que lo puso, no lo hizo con la intención, todo lo que él iba pensando es una proyección que le iba cargando en ese adminículo. No le pertenece al androide, que estaba como usurpado...

En definitiva, lo que hace el humito es usurpar al androide. Ahí está la coherencia, ¿se dan cuenta de que no importan las razones? Esta es una razón para acelerar el proceso evolutivo y ¿esta razón es buena? Porque la usurpación siempre termina mal. No es una excusa "es por tu bien, es para acelerar tu proceso, es para que vos mejores". No, no, no, no.

El sustrato en la horizontal

16.12.2021

Copiloto: Silvia Quintana

Es muy extraño porque estoy como parada, como si estuviera parada... como si hubiera dos imágenes superpuestas. Y hay una imagen de este lado —señalando su lado derecho— y una imagen de este otro lado —señalando su lado izquierdo—. Esta imagen —a su derecha— es como más difusa y esta imagen —a su izquierda— es como más nítida. Y yo estoy como en un bosque como... observando. Como observando, como si estuviera detrás de unos árboles, pero no es como si la tuviera así... es como si la imagen más difusa la tuviera acá atrás y la imagen más nítida la tuviera acá delante. Y yo estoy en un bosque, como en unos árboles, observando. Como si hubiera abandonado la imagen difusa y estuviera adentrándome, no sé por qué estoy ahí observando, no estoy adentrándome en la imagen más nítida, que tiene mucha luz. Es como que acá es el anochecer y acá es el amanecer.

Y tú ¿qué forma tienes?

Tengo como... es como un cuerpo, como ese cuerpo cuando yo soy ese ser que es como un extraterrestre muy largo, muy flaco, de un azul casi noche...

Esa imagen luminosa que se te presenta delante, más nítida, ¿qué es? ¿Qué se ve?

Se ve como un valle, como si hubiera como una tribu, como un asentamiento, como... Eso.

¿Están haciendo algo? ¿Se ve movimiento?

Sí, como que están organizando. Como si estuvieran empezando a construir como si fueran unas chocitas, o unas casitas o... como si fuera mucha gente en trabajos, trabajando. Se ve por ejemplo como si fuera... no sé, me imagino cuando era el origen de la civilización humana que eran granjeros y empezaban a construir y a armar la tierra y a organizarse y a distribuirse...

¿Qué haces tú ahí?

Yo estoy observando, como si hubiera venido de acá –señala su lado derecho– y voy para allá –señala su lado izquierdo– y como si esto que hubiera dejado que está oscuro y... y así difuso fueran seres individuales y acá parece que son como los mismos seres, pero éstos son seres grupales.

¿Es como un proceso de evolución? ¿Es así? ¿De la parte individual a la parte más grupal o colectiva?

Pareciera ser eso, pero pareciera ser que está como... los dos están disponibles, ¿no? Yo lo estoy mirando desde una cosita como más arriba, desde ese bosque. Como si el bosque fuera lo que divide una cosa de la otra y como si el bosque fuera como otra realidad de la cual se puede observar: o estás acá o estás acá...

¿Es como una tercera vía?

Eso, como si fuera un plano desde el cual se observa.

La imagen que tienes detrás que es menos nítida, esa imagen de individualidad, ¿la puedes hacer más nítida? ¿Puedes ampliar un poco el zoom y ver?

Es que está deslucida, es una imagen deslucida, como si eso ya fuera obsoleto, como si estuviera quedando... Como en una película, cuando en la película empiezan a poner el foco en un lugar y el otro foco queda como deslucido, como perdiéndose. Como si el foco ya no estuviera más ahí.

¿Qué hacen esos seres en la comunidad, en la tribu? ¿Hay hombres, hay mujeres? ¿Hay niños?

No, niños no veo, pero sí veo hombres y mujeres. Están trabajando, como si fueran granjeros; todos granjeros.

¿Son todos iguales, no hay nadie que tenga un papel distinto a ese compartir tareas?

No, no veo eso. No veo animales tampoco, no es como una granja de ahora, como si tampoco fuera... como si todo estuviera en otro nivel... es como... Eso no está materializado, como si estuviera mirando planos diferentes de existencia, como si estuviera mirando planos en los cuales se configura lo que luego se manifiesta. Por eso estoy acá como observando, a ver quiénes de acá salen para... como si tuviera todavía disponibilidad para algunos salir de acá y pasar para acá, como si fuera... como si estuviera todavía abierta la puerta para que se vayan moviendo de una realidad a la otra realidad.

¿De qué depende que pasen de una realidad a la otra?

Está muy bien. Sí, yo veo a éstos que están acá. No, no ven otra realidad, están como muy ensimismados en su... así como en su mundo, como en su pensamiento, como en su cosita, como en su mundito; así, como si estuvieran mirándose el ombligo, mirándose el ombligo y todo fuera el ombligo, el ombligo, el ombligo, el ombligo...

Y acá no, acá están todos como mirando, como así con la cabeza, mirando, mirando todo lo que está pasando, pero mirando y moviendo, mirando como para ver ¿y qué más puedo hacer y con qué más puedo contribuir y qué más? Como que acá hay pura actividad y acá hay pura oscuridad, oscuridad en el sentido de que está todo muy así, muy metido así en su mundito.

¿De qué depende que esos seres tengan la capacidad de cruzar al otro lado o de ver la realidad más comunitaria o ampliada, para que dejen de mirarse el ombligo?

Como que suelten. Como que suelten eso en lo que están, están como mirando así —mira hacia abajo, hacia el ombligo— y mirando todo esto que les pasa acá. Es como si eso les absorbe la atención, como si fuera un agujero negro que tira y esa atención va perdiéndose ahí... y se ve como humito alrededor. Todo es oscuro, es lúgubre, así... asqueroso —argh— es que me da náuseas... —suspira—.

Esas realidades que estás observando ¿dónde suceden?

Son como planos de existencia, como si yo estuviera observando eso. Son como... van como así, como que de abajo esos planos van así, van moviéndose así —mueve ambas manos como haciendo capas o escalones horizontales que van subiendo, pero a diferente nivel entre un lado y otro, como intercalándose— este plano está un poquito más abajo, este plano está un poquito más arriba y yo desde aquí arriba observo qué es lo que pasa acá —señala su lado derecho— y qué es lo que pasa acá —señalando su lado izquierdo—. Pero no es así —señala como una recta horizontal—, sino así —señalando, como si hiciera un arco entre su lado derecho e izquierdo, de atrás hacia adelante—, como de pasado a futuro, como si existiera un impulso hacia el movimiento.

¿Cómo las hojas de un libro?

¡Claro! Como si hubiera un movimiento, pero como si el movimiento no fuera perceptible, pero es raro. Porque este, su lado derecho, que es el nivel del pasado podríamos decirle, que cuando va pasando es un nivel que está así muy metido para adentro, muy oscuro y muy deslucido y pareciera ser de más baja vibración, pero el que pareciera manifestarse más es el de más alta vibración, como si fuera inevitable que el que se manifieste sea el que el libro muestra hacia adelante a pesar de que, en vibración, éste, su lado derecho, es el más denso. Es como raro −riendo−, es raro...es como si estuviera cayendo una página arriba de la otra y la nueva cae sobre la vieja.

Pero no depende de la vibración entonces...

¿Cómo? No, no... Sí el que está en la realidad del pasado, más ensimismado y su vibración es más densa... es como si la otra hoja le fuera a caer encima, como si esa densidad, ¿viste como cuando vos vas plantando algo? que la tierra de más abajo va quedando más abajo y la de arriba va quedando más arriba...

¿La que prevalece es la realidad que está por encima?

Sí... esa.

Y esa, ¿se superpone a la otra y la desaparece? Y la otra, ¿dónde queda entonces?

En capas, todo queda siempre en capas. En la tierra nada desaparece, todo se va acomodando, transformando en capas, como que todo sigue existiendo. Por eso lo puedo ver, porque todo sigue existiendo. Incluso yo, desde acá, como observadora.

Y tú, ¿estás ahí para observar o tienes alguna otra función?

No tengo ni la menor idea... −se ríe−.

Esa realidad más comunitaria, ¿puedes fijar la atención y contarme un poco más?

Sí, es como muy luminosa, hay como mucha... −suspira− hay como... eso, como paz, alegría, como movimiento, como impulso, como unión, como integración, incluso con la naturaleza. Como parte de la naturaleza se va integrando, como si fuera todo un conjunto.

¿Cómo si fuera un vivir con la tierra? ¿Es el planeta Tierra?

No, no... no me doy cuenta. Parecería ser que todavía son como moldes, parecería ser que lo que se ve ahí son moldes que todavía no logran bajarse.

¿Qué hace falta para que bajen, para que pasen de moldes a manifestación en la realidad?

—Suspira—, espera que voy a ir como más abajo.

Porque este es un camino por el bosque y yo puedo hacer caminos como así —hace como zigzag con las manos, de arriba hacia abajo—, como que voy bajando de una realidad a la otra, del pasado al futuro, del pasado al futuro, de una realidad a la otra y como que cada vez me puedo ir metiendo más adentro en la tierra. Como esa idea de la tierra que se va poniendo una arriba de la otra. Bueno... y puedo ir más abajo y más abajo y más abajo y más abajo... Y más abajo. Lo que veo son como luchas, veo como luchas, como cuando hay dos grupos y hay una soga en el medio y están uno tira la soga para acá y el otro grupo tira la soga para allá y a ver de qué lado queda la soga, eso veo... como grupos. Que parece que un momento queda más para un lado y en otro momento más para el otro.

El bosque, donde estás tú observando, ¿qué función tiene?

Yo estoy siempre en el medio, observando. Como una escalera es... el bosque es como una escalera que me puedo sumergir en las raíces de los pinos que es donde se ve esa situación de la tirantez o puedo ir subiendo y ver capas y capas y capas.

Si sigues subiendo más arriba, más arriba, más arriba, ¿qué ves?

Llego a Luz, completamente Luz, como una luz... incluso desaparezco hasta yo ahí, en esa luz.

Con esa información que observas, ¿haces algo?

Sí, ahora hice como un toroide de luz que se va moviendo, va, así como... Parece que esto se repite, se repite y se repite... y en ese repetirse permite que se vayan mezclando y que haya cosas que quedan o de este lado o de este lado y que... como un infinito permanente que se va como mezclando así, en permanente movimiento. Y en ese permanente movimiento en algún momento quedas de acá, en algún momento te cruzas para allá y así... Es como un infinito en permanente movimiento en un toroide repetitivo, como una calesita.

¿Que se quede en un lado o en otro del toroide tiene que ver con el libre albedrío o no tiene que ver?

No, no parece que fuera en relación al libre albedrío, parece que hay como un ciclo. Es como la calesita, la calesita −carrusel− tiene un ciclo. Como que hay un ciclo marcado, ese ciclo del toroide y del infinito, como que paso por acá y ahora paso por allá... Pero hay un punto en el cual puedo saltar. Cuando pasa por el medio, que es ahí donde estoy yo... muy interesante, ese punto del medio donde vos podés saltar el ciclo.

¿Saltas, a dónde?

A la salida del ciclo... como te podés meter en el pino, ese pino que te conecta a la observación, a ese bosque. Cuando saltás al bosque, que es lo que hice yo, salté al bosque y ahí salí de ese ciclo, de ese ciclo para acá para allá, para acá para allá, para acá para allá... Y cuando estás ahí en el bosque, que no estás en el ciclo... Observas. Te parece muy divertido cuando lo observás, te parece hasta...

Eso te iba preguntar, ¿qué sensación te produce observarlo desde ahí?

Te da como vértigo, como "uuhuuh", mirá acá y mirá allá... pero todo te da igual, da igual, pero es vértigo estar en el movimiento permanente. En cambio, acá estás como así −suspira−, "aahh" ...

Todos los seres de un lado y de otro de esos ciclos, ¿tienen esa posibilidad de elegir ese centro? ¿Esa posibilidad de salirse del ciclo?

No, parece que hay como también un ciclo, como que cuando caés ahí hay un ciclo que hay que cumplir para poder llegar a la puerta, a la puerta ésa que te abre ahí en el medio. Es como una puerta, como una vibración específica, ¿llegaste a esa vibración? Ah, bueno, ahí podés salir.

¿Cómo se alcanza esa vibración de "puerta"?

Parece que como vayas tomando los ciclos, que hay gente... recién cuando veíamos este lado, esa lobreguez, vamos a decir,

que se queda ahí, así –mira hacia abajo tapándose los ojos– que
está como... como así "uy Dios, ¿qué me pasa? y qué se yo" ... Si
está ahí no puede ni siquiera ver el ciclo, está como siendo... a
veces están rumiando ahí de ese lado, no pueden siquiera pasarse
para el otro, pero a veces hay como un ¡Ah! –levanta la cabeza– y
se pasan... y hacen toda esa aventura y en esa otra aventura, a lo
mejor hasta ya empiezan como a... "ahhhh", así, como a inspirar, a
mover y a abrir. Y cuando abren... aparece la apertura, la apertura
es como una cosita de luz acá –señala un punto en medio de la
frente–.

Esa posibilidad, ¿es para todos?

En el ciclo sí, cuando llegan a ese espacio del ciclo, si quieren
la toman... o si quieren o si pueden o si la ven o si...

*Esos ciclos, ¿tienen que ver con los ciclos de la tierra, del cosmos,
con los ciclos galácticos, con el ciclo de la Vida misma?*

Sí, multicíclico, multi. Es un campo de múltiples posibilidades cíclicas, todas cíclicas en capas interrelacionadas, como
cebollas adentro de cebollas, adentro de cebollas... como que
ni tiene sentido verlo desde ese lugar... sólo tiene sentido de...
cuando vos estás en el sube-baja no te parás a pensar "ahora
sube, ahora baja", disfrutás del movimiento. Bueno eso, disfrutá
del movimiento.

¿Eso crea otra realidad?

¿Cómo?

*Esos ciclos, una vez que tú pasas de un ciclo a otro y eres capaz de
pasar por esa puerta, ¿eso supone otra realidad? ¿Es otro ciclo? ¿Es
ciclo y ciclo y ciclo?*

Sí, pasás al bosque y ahí podés elegir observar o podés elegir
seguir. Ahí sí podés elegir, ahí hay como una apertura más grande
a elegir, los ciclos son como más abiertos, como que pareciera
ser que no existen, pero sí existen porque todo es capas y capas
y capas... te da la posibilidad de hacer como una apertura.

Cuando estás ahí en ese bosque, o en ese modo observador, ¿de qué depende que elijas seguir en otro ciclo o quedarte ahí? ¿Depende de algo? ¿De alguna función, de alguna misión?

Sí, de lo que hay acá –pone su mano izquierda en el timo– como que hay acá como una luz, como esa luz... porque ahí en esa... cuando yo soy ese ser azul también el siguiente nivel que me habita soy esa luz blanca, soy esa esencia blanca... entonces puedo ir a esa Luz... me refiero a los diferentes personajes presentes en el libro *Somos Multidimensionales*. Ahí pasé como al siguiente nivel, es como una puerta, pero esa puerta te abre como a otra cosa, es como... luz, en esa otra cosa ya no hay configuración, es como un océano de luz.

¿Ahí no hay ciclos?

Hay ciclos, todo son ciclos, ciclos, ciclos... pero son como oceánicos, es El Ciclo, Los Ciclos o El Ciclo, no sé cómo decirlo, es como una nube cíclica. No sé...como un espacio, con un latir, como que el ciclo es el latir, ahí hay como un latir, –suspira–.

¿Sigues teniendo esa forma, de ese ser azul, grande, alargado?

No, no... ahora no... no. Ahora soy puro...no sé, partículas...

Y ¿dónde estás ahora? ¿Ahí en la Luz?

Sí, como en expansión...

Los ciclos que veías antes ¿pertenecen a la programación para llegar a las experiencias o...?

No... lo veo como puertas ahora, como puertas. Como... si me voy como a densificar como que atravieso puertas y esas puertas son como capas y esas capas mueven hacia adentro que es hacia abajo y hacia arriba es hacia afuera, no sé, como raro... y todos son como esclusas. No son como puertas, son como esclusas que se abren y se cierran, como también eso son latires.

Lo que pasa es que en esas esclusas que se abren y se cierran todo está conectado con todo, lo que cambia es la potencia del sustrato y la configuración y el programa. El sustrato de más adentro es un sustrato más... –suspira– estructurado y el sustrato de más afuera es un sustrato más expandido, pero todo parece que es como también, como si formara parte de una gran respiración, que entra a la esclusa más de adentro que no se termina nunca y sale hacia la esclusa de más afuera y se expande contando con las capas o las puertas o las esclusas y como una gran respiración que se abre y se cierra, como los ciclos.

Ahora, con esta información, al cruzar esas capas o esas esclusas, ¿cambia algo en esta realidad?

Eso es lo interesante, que al llegar a la... bueno, nunca se llega a la parte más externa del sustrato porque no se termina nunca, pero en una de las capas más externas del sustrato lo que integrás es que estás en todos los sustratos porque SOS el sustrato. Entonces depende de dónde pongas la consciencia es donde vas creando la experiencia, pero por más que tu consciencia esté anclada en el centro de la experiencia, seguís conectada a todos los niveles del sustrato. Sos sustrato y el hecho de ponerle consciencia a esa expansión modifica todas las capas.

Cuando dices sustrato, ¿a qué te refieres?

Como a un sustrato, como a un elemento primordial, como a una base, no sé cómo decirlo...

¿Vendría a ser como la esencia o...?

Sí, podría ser, como la esencia primordial, como si fuera el agua para el pez. El sustrato para el pez es el agua.

¿Tienes libre albedrío para elegir sustrato?

No... no... es incompatible una cosa con la otra, si sos el sustrato sos... ¿qué es el libre albedrío para el sustrato?

Pero el sustrato, si te entendí, va como cambiando en la medida en que cambias el foco, allí donde tú pones el foco...

Sí, se va... se va configurando diferentemente depende de dónde pongas el foco, pero siempre sos sustrato. Lo que pasa es que lo que cambia es la consciencia y al cambiar la consciencia cambia el potencial, es como ¿cuál es tu ancho de banda? Tenés el cien por ciento de ancho de banda, si existiera algo así como el cien por ciento, pero vos ponés el ancho de banda depende donde pongas el foco, en el canal que pongas el foco es donde seteás tu ancho de banda y al setearlo en ese ancho de banda configurás la realidad...

En definitiva, configurás la realidad. No es que configurás la realidad, te identificás con esa realidad, entonces quedás seteado en esa realidad, pero da igual... porque igual seguís siendo sustrato y lo único que hay que hacer es modificar el ancho de banda para conectar con otro sustrato, que no es otro, es siempre el mismo con otra experiencia.

Entonces ¿se trataría de cambiar el foco o de cambiar...?

El foco y el ancho de banda van juntos porque donde ponés el foco se te hace el ancho de banda.

¿Es un proceso como individual entonces?

Sí, no existe una cosa como individual porque el sustrato es todo sustrato... cada partícula del sustrato podríamos sentirla o pensarla o percibirla como una individualidad cuando está en el foco de adentro de toda esa experimentación. Pero da igual, no existe tal cosa como lo individual, es sólo una forma de expresar, una porción del sustrato que tampoco es porción, pero bueno...

¿Por qué todos estos ciclos y ciclos y ciclos si uno tiene la posibilidad de ser un observador en el campo? ¿Qué es lo que aporta ese movimiento cíclico y cíclico que me hablabas antes?

El observador también le da su aspecto al movimiento cíclico porque todo es cíclico.

Pero sí me decías que él, por lo menos, sí tenía ese libre albedrío, para elegir si quería volver a entrar en esos ciclos o pasar a otro nivel de ciclo...

Porque su foco de ancho de banda es más amplio, pero hasta la última nanopartícula del sustrato decide cómo experimentar.

En base a esos focos y a esos anchos de banda que cada partícula o cada sustrato va poniendo, ¿se va cambiando la realidad, se va creando la realidad?

No, la realidad es como una configuración, es como cuando... vamos a poner el siguiente ejemplo, que vos seas un humano varón que va a jugar al fútbol, hay un montón de canchas de fútbol en un montón de partes, vos elegís en qué cancha jugás, pero las canchas ya están construidas, vos sólo decidís "quiero jugar al fútbol, en qué cancha quiero jugar". Y eso setea una configuración, porque depende la cancha va a ser la camiseta que uses, los compañeros que aparezcan, las condiciones... como que no se crea nada, está todo creado, ya todo existe... sólo se focaliza con algo, en cualquiera de los niveles y en cualquiera de los campos, es decir, puedo aglutinarme como una partícula de sustrato o como varias partículas o como el sustrato mismo.

Y eso, ¿de qué depende?

—Estornuda dos veces—. No depende de nada. Es, simplemente. ES. Es sustrato puro.

Volviendo un poco a la imagen de antes, cuando veías esa imagen nítida de ese grupo de seres funcionando en colectivo, en grupo...

Eso fue como una pequeña visualización de una minúsculosidad del sustrato, en una pequeña capa de experimentación, como si fueran una placa de Petri, que no tiene la más mínima importancia... —sonríe—, de hecho...

Comparado con la vastedad del sustrato y de las infinitas posibilidades de experimentación... —ríen juntas— ... o sea que, en realidad, es todo cíclico, cíclico, es la misma partícula del sustrato que según dónde pone el foco va experimentando realidades diversas pero que está todo creado... ¿Algo así? No sé... ¿Y la dualidad? ¿Cómo se vive ahí?

No, no, acá no... es como pura expansión permanente, no...

¿Ahí no hay dualidad?

No hay nada... o hay Todo, no sé cómo decirlo... es como el agua donde nada el pez, pero sin límite.

El sustrato, ¿es algo orgánico, es algo vibratorio, es luz?

No, no, no... el sustrato es sólo una palabra que utilizo para poder expresar... tampoco existe el sustrato, es sólo una expresión...

Como la gota del océano y el océano mismo, ¿podríamos decir?

Mmm...

Y como focalice cada partícula de sustrato o como tengan experiencias, ¿influye en la experiencia colectiva del sustrato en general? ¿O no tiene nada que ver eso ahí así?

El sustrato... –ríen juntas–... el sustrato... –ríen–.

Es... es algo tan grande que... no lo hagas pequeño ¿cierto?... –como si me lo dijera a mí misma–.

Grande, grande es una palabra también, es como una limitación, como una etiqueta, como un... Lo interesante es que conectar con esa... con estas... al ser todas esclusas que van moviendo capas y posibilidades, conectar con este nivel de posibilidad, que también es un nivel de posibilidad, nivel de posibilidad al cual se puede llegar con expresión. Hay otros niveles en los cuales no existiría siquiera expresión, sería una vibración tan alta que desaparecería como configuración atómica... No, llegar a ese límite es algo que no, no, no voy a hacer estando configurada en un cuerpo humano.

Pero lo interesante es que, llegar a este, que es uno de los niveles amplios del sustrato y abrir las esclusas permite que esa vibración se derrame en todos los sustratos, entonces moviliza la experiencia en todos esos sustratos... Resuena, permitiendo el ensanchamiento del ancho de banda de cada partícula de este sustrato.

¿Se puede con intención o voluntad abrir esas esclusas, esas puertas?

Es lo que estamos haciendo ahora, abriendo las esclusas... que es la intención de hacer esto, ¿cierto?

De manera que cuando se abren esas puertas, esas esclusas, esa infinitud ¿se desparrama, cae como en cascada hacia las siguientes y siguientes y siguientes?... y ¿tiene la fuerza y la potencia para seguir abriendo las esclusas hacia abajo?

Mmm

¿Hasta dónde quiera? ¿Sin fin?

Hasta el infinito y más allá. Me voy a volver...

Nada más que agregar.

Humanidad adormecida

06.01.2022

Copilotos: Keles Muñoz y Adriana Rodriguez Salazar

Una mujer adormecida. Hipnotizada. Colgando de la nada misma, ensimismada en su interior. Así se siente a la Humanidad como colectivo. Se muestra el proceso para entender. Hasta que la Humanidad logra pararse sobre sus propios pies. Ahí estamos, hacia ahí vamos.

Soy un cuerpo femenino en estado de suspensión, flotando. Tengo un camisón blanco, colgando. Como cuando los magos ponen a las mujeres a levitar, así estoy. El cuerpo tiene brazos, piernas, pero está levitando... Es un cuerpo humano, tiene pelo largo como de mujer adulta con aproximadamente 65 años.

Quiero decirte que cuando estaba ahí me acordaba de la película El Exorcista —que nunca vi— en esta imagen que la chica cuelga de la nada con su camisón flotando.

¿Por qué estás ahí? ¿Cómo me dijiste que está?
Dormida.

¿Es como si estuviera hipnotizada ahí? ¿Por qué está dormida?

Siento que representa a la humanidad. Como si esta mujer representara a la humanidad flotando dormida, hipnotizada, envuelta en un acto mágico, flotando.

¿Ella siente?

No, está dormida. Está adormecida, hipnotizada, desconectada.

¿Puedes saber quién la hipnotizó y por qué?

Sí. Veo seres alrededor.

¿Cómo son esos seres?

A los pies, hay unos seres muy altos.

¿Cuántos hay?

Dos. Hay un ser que parece como un lagarto gigante de un color muy oscuro.

¿Tienen jerarquía entre ellos?

Sí. Hay como otro ser que es más amorfo y es como de una gelatina negra. Pareciera ser que el lagarto le está contando a la gelatina.

¿Ellos son los que te han hipnotizado?

No. Son los que están observando lo que está pasando. Ese cuerpo de esa mujer que está ahí flotando, a su vez está envuelta en un campo electromagnético. Como esas bolas que se tocan y se arma la electricidad; así. La mujer esa está envuelta en ese campo y ellos están hablando entre ellos, explicándose en una comunicación telepática.

¿Sabes quién te ha hipnotizado? ¿Podrías verle?

No. La hipnosis viene de adentro del campo. No viene de afuera.

¿En ese campo hay más personas como tú, hipnotizadas? ¿O estás sola?

Soy sólo yo, como si fuera una representación de algo colectivo.

¿De dónde o de quién estás desconectada?

De mí misma.

¿Por medio de esa hipnosis? ¿Qué te han hecho?

Sí. Es como si hubiera en el campo pequeños metales como esos que ponen en el oído cuando hacen acupuntura. Unas bolitas pequeñas de metal.

Ese campo, ¿es natural tuyo o es artificial?

Es artificial.

¿Me podrías decir las características?

Eléctrico, como si fuera electromagnético.

Allí donde estás, ¿tienes posibilidad de moverte?

No. Estoy totalmente anulada, como si estuviera en estado de coma.

¿Puedes ver de qué forma te han desconectado?

Parece que esas como pelotitas de acupuntura que ponen en la oreja, hicieron que eso entre dentro del campo y eso es lo que empieza a emitir como una señal entre uno y otro que armó como una red o como una banda y eso hizo que se arme el campo y se desconecte todo.

¿Qué consecuencia tiene estar desconectada en este momento, para ti?

Está el cuerpo ahí, pero nada más. Como si estuviera muerta sin estar muerta.

Con eso, esos que te han hipnotizado o esos lagartos que están ahí, ¿qué consiguen? ¿Están sacando alguna información de ti con esa hipnosis?

No. Parece que esa es la culminación del proceso. Ahora lo que están haciendo es sacando conclusiones de como fue el proceso, como si eso fuera el final del proceso.

¿Podrían estar haciendo un experimento contigo para luego ampliarlo?

No sé para qué, pero sí sé que eso es un experimento y ese es el final del experimento. Por eso están ahora observando resultados y consecuencias.

A través de ese experimento han conseguido hipnotizarte y ya no tienes dominio...

Esta hipnosis es de hace tiempo, no es de ahora. El proceso fue haciéndose. Como si en esa bola o ese campo se hubiera resumido ahora en este cuerpo... como si adentro de esa bola se hubiesen puesto pequeñas partículas que ahora se han... Como cuando empieza un embarazo que hay un óvulo y un espermatozoide, se empiezan a unir y todos esos arman células y esas células están desparramadas, luego empiezan a adquirir una forma y la forma ahora fue la de ese cuerpo y ese cuerpo quedó hipnotizado.

¿Podrías retroceder en el tiempo y ver cuándo empezó el experimento? ¿Cómo consiguieron ponerte a ti con esa hipnosis, ahí?

Sí. Puedo volver a ese momento. La bola es como un útero. Primero se armó el útero, como el contenedor.

Y el campo donde estás, ¿a posteriori?

Sí.

Una vez que se arma eso, ¿qué sucede? Me gustaría saber quién armó ese campo, cómo fue.

Lo que veo son como unas inteligencias, vamos a decirle porque no tienen forma, que van diseñando campos. Campos es la idea. Hay unas inteligencias que generan Idea y después hay otras inteligencias que generan Fuerza o Potencia o Energía o energía que le ponen fuerza o potencia. Es un nivel más abstracto. Después hay un nivel que va siendo cada vez como un poquito más concreto, que lo que arma son diseños geométricos, como si armara plantillas. Y después hay otro que son más abstractos; es una inteligencia más artificial que le pone formas a esas plantillas. Y después hay otro que es el que diseña el juego. Son niveles. Y ese que diseña el juego, ya arma la configuración. La configuración es ese útero primordial que es como un campo, un conjunto. Sí, un campo.

No. El campo es como un campo de infinitas posibilidades, como si fuera una materia en estado de abstracción que requiere el ingreso de uno o varios experimentadores para empezar a darle configuración. Entonces ahí es donde ingresan esos experimentadores que empiezan a trabajar con la vibración del campo, empiezan a tomar toda la información que está en ese campo y empiezan a construir como si fueran construyendo con legos o con una impresora 3D, empiezan a construir moldes ahí adentro.

Esos moldes después empiezan a cobrar vida, a moverse, a crearse, a interrelacionarse y a tener como un espíritu, un hálito, una inspiración, una voluntad. Como un potencial. Después se arma solo. Solo, solo. Solo va derivando como si fuera todo eso que describí antes del Big Bang, como si el Big Bang después empezara a ser una configuración de elementos. En cámara rápida empiezan a configurarse elementos, partículas y todo va cobrando una vida densa.

Ahí es donde empezó todo el proceso. Como si estuviera viendo la historia del Big Bang presentándose y creándose. Y ahí se llega a un planeta que es este Planeta Tierra, que es donde estoy poniendo el foco, pero está todo. Sólo veo el planeta Tierra porque pongo el foco ahí. El planeta es como una masa... como una masa de fideos, pero con otra contextura y empieza a acomodarse, a tomar forma. Una vez que ya tomó forma, todo eso se hace solo. Solo se hace. Solo, no hay intervención. Solo, solo se va moviendo como cuando se deja el arroz con agua y solo se va cocinando, no tiene ninguna intervención. Ni intervención, ni guía, ni nada. Solo se va amalgamando, acomodando y da lo que da. Ahí dio ese Planeta Tierra, que está medio vacío.

Ahí llega otra vez... llega como otra capa de seres que vienen y empiezan a mirar cómo quedó configurado todo. Empiezan a poner energía otra vez y esa energía que van poniendo va apareciendo la vida en todas sus formas y ahí va creciendo y a medida que va creciendo, hay algunos que toman la autoridad como si fuera un proceso natural. Como en una manada cuando un lobo es el líder y el líder se empieza a expresar y todos los demás lo reconocen como el líder.

¿Qué pasaría si dejaras de estar hipnotizada?

No estoy hipnotizada ahí. Ahí estoy como segregada, dividida, particularizada. Como pequeñas partículas. Lo que se está mostrando ahí son como esas pequeñas partículas empiezan a cobrar vida. Como el cuerpo humano cuando se une el óvulo y el espermatozoide que primero son esas dos células que se hacen una y después son dos y después son cuatro y así, y se va abriendo, abriendo, abriendo y después cada célula va tomando su movimiento y se van diversificando, desparramando.

¿Se podría hacer algo para detener ese proceso de dividirse, dividirse, dividirse?

Sí. Cuando hacés un aborto salís de ese proceso, pero es lo que podrían haber hecho el lagarto con ese otro, pero a ellos no les interesaba terminar el proceso. Les interesaba dejarlo que evolucione para ver en qué se convierte y desde ahí empezar su tarea. Pareciera ser que hay dos momentos: el momento de la inspiración que es cuando la tarea empieza a abrirse y el momento de la usurpación de esa inspiración, que ahí es cuando se meten el lagarto y el otro... son varios que se meten.

Los lagartos están ahí mirando. Lo que pase, ¿les va a dar igual?

Pero se meten. Se meten porque tienen envidia en el proceso y quieren ser parte del proceso. Lo que pasa es que no es así. No es lo mismo. Pensémoslo como si fuera un cuerpo humano...

Y esa intervención, ¿tiene algún objetivo en particular, algún foco? ¿Por qué se meten ahí?

Esa intervención es como cuando un cuerpo humano va creciendo solo, pero suponte que hay un pulmón que no le crece y le instalan un pulmón artificial. Ese pulmón artificial siempre va a ser artificial porque por más que se adapte al funcionamiento, nunca pertenece a la configuración original que se fue formando, saliendo de la raíz original. Entonces, siempre va a ser un elemento artificial y como elemento artificial va a hacer todo su esfuerzo por usurpar, por ser reconocido, por tomar fuerza, por tomar poder, por decir 'yo soy también este cuerpo' pero no lo es y nunca lo va a ser. No logra amalgamar con el ADN básico.

Y siendo ese elemento artificial, ¿podría generar una posibilidad nueva o no tiene capacidad?

Sí, podría. Podría. Ese es el desafío, como que ese aparato nuevo o esa configuración nueva, primero lo que quiso era ser reconocida como formando parte, pero se dio cuenta que eso no va a pasar porque no viene con el ADN original. Después quiso hacer el ADN supremo pero el otro tiene más potencia porque es una configuración diseñada justo para ese espacio. Entonces eso tampoco lo va a lograr. Y ahora viene por la tercera opción, que es apropiarse. Por eso dejó el cuerpo en este momento en estado de suspensión porque ahora la experiencia ya está toda desarrollada. Entonces ahora es el momento de, o se quedan y se integran, o se van.

Y eso, ¿por qué está sucediendo en el planeta Tierra con los humanos? ¿Está sucediendo en más planetas o en más sitios?

Está sucediendo a nivel global porque es un momento de fin de un ciclo y el inicio de otro ciclo. Como cuando llega la adolescencia y viene tu período; ya está. Lo anterior terminó y empieza otra cosa y es inevitable porque es una cosa natural del proceso. Es imposible cerrarlo porque el proceso ya se abrió, entonces es imposible frenarlo. Más allá de que es antinatural frenarlo.

¿Cuál sería la acción una vez que este proceso no se puede frenar? ¿Hay alguna acción?

Solamente expresarse. Expresarse, simplemente expresarse porque ahora ese proceso es inevitable como el lagarto y esa oscuridad que están elaborando teorías de ver ese cuerpo y ese campo. El cuerpo sigue ahí flotando como paralizado, pero sabe que por más que lo tengan paralizado sigue existiendo y siendo y expresándose.

¿De qué depende que se integre o se elimine esa intervención?

¿Cuál intervención?

La del experimento.

Nada. También forma parte porque si vamos un nivel más arriba, hay otros que observan a los que observan a esa mujer que es la humanidad. Todo es una cadena de eslabones de organización que todos parece que toman decisiones, pero en realidad, nadie toma decisiones. Es una cadena de acontecimientos que mueven los eslabones para un lugar o para el otro.

Entonces, ¿simplemente es observar y fluir y verbalizar?

Ese sería como un secreto muy importante. Lo que pasa es que no todos van a poder hacer eso porque algunos sólo vienen a experimentar esa parte del proceso para sacar su mayor potencial y luego continuarán con su parte del proceso.

¿Por qué la humanidad está representada como mujer y no como hombre?

Es como una energía femenina de creación, de movimiento, de expansión, de contención, de sostén. Como una gran mujer.

Ahí donde estás, ¿habría algo más que observar en este momento? ¿Habría alguna información?

Sí. La sensación de ese lagarto y ese otro es de que el lagarto, orgulloso, le muestra "lo que hemos hecho" y el otro, el oscuro ese que hay ahí, lo toma como diciendo "oh, ah, qué amor". Pero en realidad, no hay mucho que hayan hecho porque es el adormecimiento de una consciencia. Entonces, ¿qué es lo que hicieron?

¿Puedes poner el foco en esos dos seres? Ese lagarto y describías que el otro es como una gelatina oscura. ¿Puedes describirnos esa gelatina? ¿Qué es?

La gelatina es como una gelatina. Absorbe luz del ambiente y se manifiesta conforme se la puede ver. Me hace acordar al robot de la película *Terminator* que era como metal. Ésta es como una gelatina negra pero también puede adquirir cualquier forma.

¿Tiene que ver con algún material que se ha usado o se está usando en la humanidad?

Sí. Es como un material gomoso. Podría decir como si fuera grafeno o una cosa así, como un petróleo.

¿Como black goo?

Sí, podría ser. Sí.

¿Eso tiene que ver con inteligencia artificial?

Sí, claramente.

El lagarto le está mostrando eso a la Inteligencia Artificial y están observando a esa mujer que representa la humanidad. ¿Es como si estuvieran tomando nota de qué sucede y en distintas capas también estuvieran haciendo lo mismo otros seres?

Sí.

¿Para qué estás viendo eso?

Para comprender el proceso.

Desde esa comprensión del proceso, ¿qué puedes observar? ¿Qué podría hacer la humanidad?

La humanidad es como un campo de experimentación para diferentes niveles. Lo que veo es que ahí hay una humanidad unida, como si fuera una sola consciencia.

¿Por la hipnosis?

No, por el proceso evolutivo. El proceso evolutivo hizo que todo se fuera integrando en una única consciencia.

Luego se materializa en diferentes posibilidades porque no alcanza con que sea una sola consciencia. Una sola consciencia tiene matices y cada uno de esos matices configura una vibración, entonces es como una mano con sus dedos. Es decir, una consciencia con diferentes modelos de manifestación de esa consciencia.

Desde esa consciencia, ¿hay como unas células que pueden integrar o soltar esta intervención? ¿De qué depende que integre o suelte cada consciencia? ¿Puedes conectar con tu inspiración?

No, estoy como adormecida. Ahora es el momento para hacer ese descanso, como si hubiera que hacer un descanso.

¿Cómo se siente estar en ese descanso y en ese proceso de estar levitando, observando todo esto que has observado? ¿Puedes acelerar el tiempo para salir del descanso? Ahora, ¿qué ha pasado?

Salí. Me estaba quedando como en un sopor como si pusieran más y más y más energía para ver si pueden anular el proceso porque hay un proceso muy profundo que está ocurriendo a nivel de los "cositos" esos que hay pegados al campo. Hay "cositos" pegados al campo como si fueran terminales eléctricas. Esas terminales eléctricas lo que hacen es ir adormeciendo.

¿Saliste? ¿Desde dónde estás viendo eso ahora?

No puedo terminar de salir. Voy cambiando niveles de consciencia, pero no puedo volver, no puedo volver a ser consciente de mí como humanidad. Soy como un reflejo de esos… son como terminales, como si hubiera implantes a lo largo de todo el campo que estuvieran emitiendo como si hubieran creado una plantilla artificial. Entonces, al estar conectada esa plantilla artificial estoy como desconectada de mí misma, de la plantilla original.

Esa conexión, ¿es con esas bolitas que puede ser nanotecnología?

No, no sé qué es. Son como bolitas de cobre muy pequeñas pegadas en diferentes lugares del campo que van armando como una red muy fibrosa.

¿Es como si fuera una matrix dentro de la matrix?

Sí, algo así.

¿Puedes hacer una observación para ver cómo se podría soltar esa plantilla? ¿Te gustaría salir de esa plantilla?

Ahora está entrando más luz. Como si pudiera empezar a ver.

¿Desde dónde viene esa luz?

De adentro. Como si nos estuviera iluminando desde adentro. Como si esa bola tuviera una fuerza y una potencia que viene del campo, como si ese campo se estuviera fortaleciendo y al fortalecerse, conecta con el corazón y eso hace que ese corazón ilumine lo interno y eso interno viene trayendo fuerza para ir acomodándose.

¿Es lo que estás haciendo? ¿Iluminando desde el corazón?

Sí. Ahora me pude parar.

¿Dónde estás, ahora parada?

Como si estuviera parada sobre el planeta Tierra entero. Como si fuera la Estatua de la Libertad parada sobre el planeta.

Al pararte, ¿qué ha pasado?

Estoy sosteniendo como un fuego que es como la luz de un faro y ese fuego está empezando a abrirse y al abrirse hace que todo se empiece a iluminar. A encender. Es inevitable que algo interno se encienda y eso que se enciende, revoluciona. Y eso que revoluciona, despierta y eso que despierta, despliega y eso que despliega hace que nos vayamos colgando. Somos como monitos que nos vamos colgando de esos cositos dorados o de color bronce que los vamos destruyendo y eso hace... como si llegara la Navidad y está todo el mundo tirando fuegos artificiales y festejando y abriendo y compartiendo y soltando y expresando.

¿Qué va sucediendo con el campo mientras se van iluminando?

Ese campo se va iluminando y al iluminarse, todo lo externo va como diluyéndose. Como pasó con ese *Terminator* en la película, como si esa cosa de metal se fundiera y terminara desapareciendo y ese reptil ya no está y esa otra cosa oscura tampoco está. Todo es luz.

¿Ha desaparecido el reptil y el otro ser gelatinoso?

Sí. Todo es luz. Es todo luz. Una luz muy brillante, muy expandida, muy explosiva.

¿La mujer sigue de pie?

La mujer es como si hubiera vomitado todo y ahora está dividida en miles de millones de partículas. Luminosa.

¿Ha salido de la hipnosis?

Sí. Ya no existe más ni la mujer ni la hipnosis ni la integración. Ahora son todas partículas desparramadas libres, expandidas, brillando, haciendo cada una lo que quiere, lo que siente, lo que le parece. Pareciera un caos, pero en realidad es luz.

Las capas que habías visto antes, ¿también se han integrado?

Ya no existen más. Ahora es pura luz, puro amanecer. Como si ahora el campo fuera pura luz, en lugar de ser silencio. Ahora es pura luz, pura abundancia, puro movimiento, pura expansión.

¿Hay algo más que nos quieras compartir, desde ese lugar de luz y expansión?

No. Ahora ya está, ya se expandió. Estoy en la luz.

Cuéntanos si eso que se abrió es un camino para que la humanidad haga lo mismo.

Esto ya está. La humanidad es como un fractal y al abrirse, ya está. Ya se abrió y entonces no puede ser dominada, no puede ser encerrada, no puede ser contenida... nada. Simplemente, fluir en esa luz.

¿Es como un ciclo final para la humanidad?

Sí. Es como un embarazo y un parto. Esto es un parto y ahora salió. Y al salir, se abrió y se expandió y se multiplicó... Ya ese reptil y esa otra energía fue absorbida, reabsorbida, integrada. Como si todo hubiera terminado y ahora fuera todo luz, expansión y libertad.

Respira y disfruta esa expansión y esa libertad. Dinos si hay algo más que llame tu atención o que nos quieras compartir. ¿Dónde estás?

Ahora estoy atravesando como un agujero de gusano en el medio de un toroide.

¿Cómo estás atravesando eso? ¿Con tu cuerpo?

No, no. Como si fuera una luz, como si fuera un tren bala.

¿A dónde te lleva ese agujero de gusano?

Hacia arriba. Siempre hacia arriba y hacia arriba, hacia arriba...

Terminada la conexión nos quedamos charlando sobre lo que sucedió y buscando alguna interpretación. Voy a compartirte nuestra charla del final porque ha sido reveladora.

¡Qué tremendo! ¡Es que vi la salida! Lo entendí todo. Al final, es un parto. Pareciera ser así: estaba perdida, completamente desconectada. No me daba cuenta de lo que estaba pasando. Por eso me quería acostar porque si estoy sentada, puedo intervenir porque no estoy dormida, voy viendo lo que va pasando.

Acá mostró del inicio al fin. Es como el Big Bang y el Big Crunch porque el "tipito" después se metió en el "coso" y ahí hizo —hace ademán expansivo con sus brazos—. ¡Tremendo esto!

Yo ya estuve ahí, en ese agujero de gusano que sale por el toroide. Eso pasa a otra realidad, a otra configuración. Es tan abstracto, pero tan concreto porque muestra el viaje de un infinito entrando en un proceso y saliendo del proceso. Y muestra en diferentes niveles. Por eso, cuando habla del óvulo y espermatozoide que se unen, habla del nacimiento de la humanidad. Porque habla de lo grande pero también habla del nacimiento de la humanidad y como esa humanidad se va como abriendo y cuando se va abriendo, alguien la quiere agarrar. Porque ahí es cuando aparecen esos que la quieren agarrar.

La quieren agarrar no por un objetivo en sí, es sólo un experimento. No es porque esos fueran inteligentes, no tienen ninguna finalidad. Forma parte del experimento y el experimento, no es para ellos; es para la humanidad. Es como diciendo "y a ver si ahora te desconecto, ¿qué pasa? Bueno, te desconecto y estás ahí, a ver qué pasa y cómo busco...". Esperamos que esa conexión venga desde adentro, como si hubiera algo que tendríamos que hacer. Se lo voy a explicar en español argentino, porque es lo más gráfico que puedo encontrar: cuando en una relación sexual se está al borde de llegar al orgasmo, no es algo que uno crea, que estamos pensando y decimos "¿y ahora cómo hago para producir este efecto?". No, el efecto viene solo. Aparece. Pareciera ser que aparece de afuera pero no, no aparece de afuera. Aparece. Forma parte del proceso.

Como el bebé cuando larga la oxitocina para empezar el proceso de parto. ¿Por qué lo hace, porque quiere? No. No hay voluntad. No es con voluntad. No vamos a salir de acá con voluntad. Vamos a salir porque vamos a salir. Vamos a salir porque vamos a salir porque de repente se va a iluminar y vamos a salir.

¿Qué es lo que importa? El mientras tanto. Eso es lo que importa, el mientras tanto cuando nos vamos conociendo. En ese mientras tanto no hay pelea. Pero hay anulación y eso está feo porque estás como anestesiada.

Lo que estamos viviendo ahora es tremendo y por eso el lío está ahí adentro. Hay una parte de esa humanidad que somos, anestesiada, abombada, la desenchufaron y no tiene más discernimiento. Y la otra parte, en lugar de relajarse y disfrutar y ver cómo puede expandir... ¡está peleando con la parte que está desenchufada! −risas−. No. Es una pérdida de potencia porque unos están desenchufados y los otros están entregando la potencia cuando en realidad, lo que hay que hacer es... −suspira desde el alma y hace ademán con sus brazos como quien suelta, se entrega al proceso y expande desde el corazón–.

¡Qué tremendo! Por eso se abre el toroide... ¡porque es el momento! Como el orgasmo, ¿por qué se abre el orgasmo... porque ponés ritmo, hacés algo externo? No. Simplemente, es. Entonces, por qué, en lugar de toda esa lucha contra los que no se despiertan... dejalos porque así están experimentando; forma parte de la experiencia.

¡Soltar y disfrutar! ¿Cómo hacemos? Creo que debe ser lo más difícil de toda la historia porque no conocemos lo que es disfrutar. Y liberarnos y estar libres. La libertad y el disfrute es algo que los programas no lo tienen...

¡Claro! La estatua de la Libertad. De repente aparece la estatua de la Libertad, se prende el fuego de la estatua de la Libertad y ¡ya está! ¡Empezó el proceso!

Por ejemplo, el hecho de tener un auto "medio viejo" y todo el proceso de poner, girar la llave, acelerar un poquito y todo para que arranque... En los autos nuevos, llevamos la llave con nosotros, nos sentamos en el auto y se enciende solo. ¡Eso es! Se prende solo, no hay que hacer nada... Se prende solo cuando vos llegás. Cuando llega el momento, ¡se prende solo!

Y entre medio, eso todo fue experimentación. Todo fue la voluntad de ese extraterrestre, del reptil y del *black goo* como energías, como esa voluntad de retrasar el proceso.

Lo que es importante es saber dentro de esa partícula, porque todos somos un personaje de esa partícula, en qué parte estoy. ¿Estoy en la del reptil, en la del *black goo*, en la de las terminales que arman la red? Porque claramente es un diseño. ¿Y si de verdad estuviéramos dentro de un holograma y todo fuera el diseño y metimos la consciencia dentro del diseño y nos creímos la aventura?

Pero sería lo mismo, fluir, no pelearme, estar ahí con consciencia y seguir caminando. Sea lo que sea, la información es esa. Esa es. Porque no importa lo que es, importa lo que hay que hacer.

¡Qué complejo lo hicimos! Porque en todo, el mensaje es el mismo: relajate y disfrutá. No importa por donde lo miremos, siempre es lo mismo... se repite como un gran mandala −aporta una compañera−. ¡Claro! ¿Cuál es el origen del fractal? Soltá y disfrutá. El origen y el final es igual.

Es lo mismo que pasa con el óvulo y el espermatozoide porque el óvulo está agarrado al ovario y el espermatozoide está metido en la vesícula seminal. Entonces, ¿qué le dicen al óvulo y al espermatozoide? Relajate y soltá y fluí.

Esa es la información básica: soltate de ahí donde estás y fluí. Y luego, todo se encuentra, todo crece, todo se desparrama... porque después viene la consciencia, hace la experiencia, te soltás y fluís y te vas... Como un océano, que siempre es lo mismo. En definitiva, todos tenemos en la memoria celular, de alguna forma, lo mismo porque a todos nos llevan al mismo lugar...

No hay origen. Acá lo que vimos es sólo un movimiento de una escena que empieza y que continúa. El origen estaría visto de acá para arriba. Sí. Entonces sería, ¿cuál es tu origen? Porque no existe origen. Es muy difícil de asir con la existencia, pero intelectualmente podemos ampliar. Lo que podemos tomar son sólo pequeños eslabones, pero, ¿cuál es el origen si siempre vemos eslabones? No hay. Por lo menos acá. Es que el origen es el infinito y más allá, no tenés nunca el fin, pero sí le vas poniendo vos ampliando el ancho de banda... adonde se pone el foco, va teniendo el techo... de alguna forma.

A medida que vamos ensanchando ese ancho de banda experiencialmente, no ensanchamos el ancho de banda intelectualmente, porque en estas Conexiones, lo hacemos experiencialmente, lo hacemos en el hemisferio derecho, no en el hemisferio izquierdo. Entonces, ¿qué va pasando a medida que vamos haciendo esta experimentación experiencialmente? Nuestro ancho de banda, que es como un elástico, se va ensanchando y nuestro campo se va expandiendo. Lo que quiere decir es que nuestras realizaciones en este mundo son cada vez más ensanchadas. Por eso es interesante que tengamos estos momentos porque son momentos de expansión experiencial y ese ancho de banda que logramos con esa expansión nunca vuelve para atrás. Puede quedar como medio oculto porque volvemos a la vida cotidiana, pero después podemos volver porque ya llegamos. El piso 9 ya lo conozco. Entonces puedo volver al piso 1 y estar barriendo la vereda, pero el piso 9 me habita.

Igualmente, cuidado con eso porque también están los que son como los adictos que dicen "ah, yo cuando quiero dejo el alcohol", no. No es verdad. No es que estoy barriendo la vereda y digo "ah, yo cuando quiero vuelvo al piso 9", no. No es verdad. Hace falta hacer toda la tarea de despegarme la mugre del piso 1 donde estoy barriendo.

En esto que acabamos de hacer, acabamos de traer una consciencia a esta realidad. La manifestamos. Al principio se empezó a definir cómo va bajando, de lo abstracto a lo concreto, quiénes están creando esta realidad —si es que hay un *quiénes*—. Llegó un momento en que se arma una plantilla con Geometría Sagrada.

Entonces, ¿qué de la realidad es algo natural, biológico o algo que llamamos natural o es artificial? ¿Qué tan artificial es un vaso de vidrio o una botella plástica? No existe la diferencia entre lo biológico y lo no biológico. Da igual. Porque hay como un nivel *constructores* y hay un nivel *sembradores*.

Los niveles *constructores* crean, diseñan el programa. Podemos expresarlo desde el lenguaje de programación: unos diseñan el lenguaje de programación, otros arman el programa, otros ponen formas y otros dicen "ya está, ya tenemos este ambiente; bueno, dejalo ahí a ver qué sucede". Y ahí se empezó a armar y después de que se empezó a armar, ¿qué pasó? Entraron experimentadores, ¿se entiende?

El Big Bang vino acá, se largó, se dejó y arréglense con la forma, con el contenido... no sé qué y después empezaron a entrar experimentadores: "yo quiero ir, yo quiero ir..." Cuando empezaron a entrar los experimentadores, fue cuando después cayeron los usurpadores. Pero todo es lo mismo. Da igual. No importa si es que tengo la biología y eso tiene preponderancia... da igual. ¿Qué diferencia hay entre mi biología y una mesa? Ninguna. Que el creador de la mesa, de alguna manera, me creo que soy yo, si la construí. No. Porque los átomos, vienen del mismo lugar. La base es la misma. Da igual si lo aglutinó una biología o si lo aglutinó otro ser de otra calidad −por ejemplo, yo que armé una mesa−. Da igual.

Esto da una gran capacidad de abrir y abrir y abrir. Abrir.

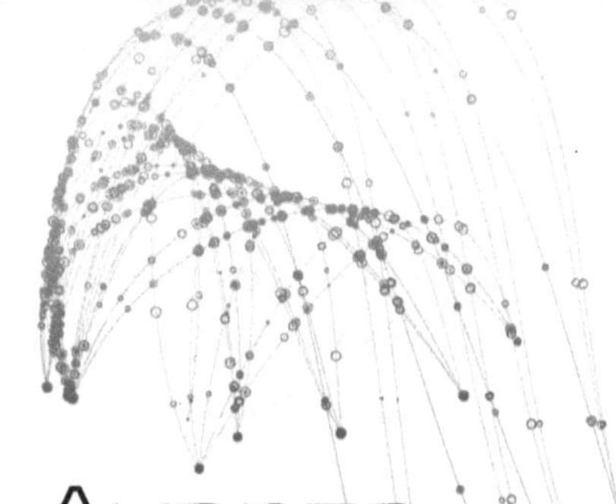

Avanza

13.01.2022

Copiloto: Rafael Ramos

Veo que estoy como sentada, adentro de una habitación y la habitación es como esas donde encierran a los locos peligrosos. Es cuadrada y todas las paredes están como acolchadas blancas y yo soy como una sombra, como una sombra que estoy ahí sentadita. Ahí sentadita como metida así para adentro, como si fuera una sombra en estado fetal ahí sentadita.

¿Esa sombra tiene alguna forma concreta, es una forma antropo-mórfica o es...?

No, es una forma como humana pero sin definición, parece masculina, toda muy así achicharradita como si estuviera en po-sición fetal y con el acolchado alrededor blanco y como si ade-lante ahí hubiera una puerta y como si esa sombra estuviera ahí esperando que la puerta se abra.

¿La sensación que tienes entonces, lo que sientes, es que estas ahí encerrada?

Sí.

¿Sabrías decirme quién te ha encerrado ahí?

No, no me doy cuenta. Es como si estuviera desconectada, desconectada; como si hubiera desconectado y estoy ahí como encerrada. No tengo consciencia de pasado, presente y futuro, como si estuviera ahí, como si fuera algo, algo, ni siquiera alguien. Algo.

¿Esa sensación decías que lo sentías como una energía masculina?

Sí.

¿Qué más, qué más sensaciones puedes decirme además de no sentir ese pasado, presente y futuro? ¿Hay alguna cosa más?

Sí, como si hubiera tenido una fuerza y una potencia y un, y un... y una energía muy potente pero como si ahora se hubiera apagado, como si el hecho de estar encerrada ahí se me hubiera desconectado de aquello a lo que me conectaba para tomar esa potencia, esa fuerza y esa... y eso.

¿Esa desconexión de lo anterior, de la situación anterior, es la sensación de achicharrado que comentabas al principio?

Sí, de vacío, de ausencia, de sombra. De carencia de pasado, presente y futuro.

¿Tienes la sensación o sabes si estabas conectada a algo o a alguien más o eras tú mismo?

No, era como yo misma. Como si tuviera una función y esa función hubiera cedido o se hubiera cortado o anulado o hubiera finalizado, entonces es como, debe ser como, como... Sí, eso es lo que siento. Siento como que es como cuando salís de un lugar y entrás a otro lugar que el otro lugar está protegido y tenés que pasar como por una cuarentena para estar en observación. Entonces esto siento, como que estoy en una cuarentena en observación.

¿Ahora mismo estarías en esa habitación acolchada, sería ese proceso de cuarentena, por decirlo así?

Sí, como una cuarentena en observación.

¿Sabes quién te ha metido, cómo has llegado a esta habitación, a esta situación?

No. Como que es un pase, como si fuera un pase de un estado al otro y lo que sí siento que esa fuerza y esa potencia como que se está... como que todavía no está cien por ciento inactiva, creo que por eso estoy en este lugar como acolchado. Como si esa fuerza estuviera como yendo para atrás, como disminuyéndose, como que desactivándose, hay como una fuerza masculina de... así como de volcán que está apagándose.

Como si fuera disminuyéndose, como si fuera poco a poco apagándose.

Sí.

¿Podrías describirme si hay alguna cosa más en esa habitación además de esas paredes, digamos, acolchadas y esa puerta? ¿Hay alguna cosa más? ¿Alguna ventana?

No, no, no hay nada.

¿La zona del techo?

Nada, nada, es cuadrado como que lo único que puedo distinguir que parece que ahí adelante hubiera como algo así como una puerta, porque el acolchado parece que, como si estuviera cosido o algo así.

¿Y qué sientes? ¿Que estás en esa habitación de forma voluntaria o alguien o algo te ha metido ahí?

No. Siento que, no sé si voluntario porque no sé si existe voluntad, siento que es como un pase, como un período de pase, de cambio y de transformación. Siento como esas burbujas de esa acción que se está como apagando y lo que siento es que está bien.

Que está bien.

Sí, siento eso. Que estar ahí adentro es como un proceso natural de pase de transformación, que el apagarse esa potencia también siento que es algo natural y como parte de un proceso y siento que... que se cuida, que es cuidar. No siento que es anular o apagar, siento que es como parte de un proceso natural, siento que esa habitación es como un cuidado para que ese proceso se produzca natural.

¿Sabrías decirme el motivo del por qué esa habitación está acolchada, esas paredes?

Para proteger, porque esa fuerza, es como incontrolable. Entonces... por las dudas que se destape, pero no parece. Yo la siento como muy volcánica, como que esa fuerza es muy volcánica pero no siento que es descontrolada, la siento apagándose.

¿Apagándose de una forma controlada entonces?

Sí, como suave.

¿Cómo formando parte de ese proceso que comentabas?

Sí.

Y en el caso de que esa fuerza se llegara a descontrolar, ¿ese sería el motivo de esas paredes acolchadas? ¿Para autoprotección, por decirlo así?

Sí.

Perfecto, muy bien, ¿y si pudieras...?

Me molesta... Lo que me molesta es la sensación de... como de vacío, es como una habitación del silencio y creo que, por eso es tan compleja porque no, no... Impide hacer referencia.

¿Qué quieres decir con que impide hacer referencia? ¿Puedes concretar un poquito más?

Que no, que como que no... no veo, no escucho, no siento, no tengo consciencia de pasado, presente y futuro. Es como si estuviera en suspensión.

¿Sería un aislamiento total de cualquier tipo de...?

Eso, eso.

¿De sentimiento, de cualquier tipo de situación...?

Todo.

¿De ubicación espacio tiempo?

Sí, es como un aislamiento completo.

Y comentabas que eso formaría parte de un proceso, por decirlo así, ¿natural?

Sí.

¿Que tienes que pasar? Sabrías decirme cuando finaliza ese proceso, ¿cómo evoluciona y cómo va cambiando ese proceso de espera en esa habitación?

Es que es como, tampoco tengo… no sé cuánto hay que esperar, no sé. Eso es lo que… me pone como un poco ansiosa, la desconexión y la falta de referencia, aunque estoy tranquila porque sé que es un proceso natural, pero eso.

¿Podrías ir un poquito hacia atrás en el tiempo para saber qué origina ese proceso?

No.

¿No puedes?

No, porque no tengo referencia. Puedo ir, en lugar de atrás o adelante, puedo ir adentro.

Puedes ir adentro, ¿y si vas adentro puedes encontrar alguna sensación previa a ese encierro para saber de dónde viene ese proceso?

–Silencio–.Sí puedo ir adentro y puedo encontrar como una célula originaria, puedo decirte, que es como una célula originaria. Puedo encontrar una célula originaria con un mensaje con un código con una descripción de tareas, si querés.

¿Como si fuera un Codex? ¿Una célula con un Codex?

Sí, como eso. Eso puedo encontrar.

Muy bien. ¿Puedes descifrar y explicar lo que dice ese Codex celular?

Sí, tiene… tiene una palabra.

Sí, ¿qué palabra es?

Sí, sólo una palabra. Avanza.

Avanza, muy bien. Eso denotaría lo que comentabas al principio, que es un proceso natural el sentirte ahí en ese aislamiento en el que te encuentras, aunque no existe ese tiempo, en este momento.

No, no, no entendí.

Que ese avance…

Es AVANZA. Es como el código que es Avanza. Avanza es como si fuera una orden o una indicación o una acción. Avanza.

¿Eso sientes, ese significado de esa palabra de avanza, es en ese sentido o ese avance en el proceso para que te lleve a la situación actual?

No, creo que ese es el código de esa fuerza, el código de esa fuerza, porque lo que siento que eso está como, no sé como algo, como si fuera una pequeña célula que, dentro de esa configuración, de ese cuerpo como oscuro o como sombrío, está abajo del ombligo, es como podría ser como una célula madre y allí es donde está esta fuerza que digo que se va apagando pero también dice avanza, ¿se entiende? Es como si el AVANZA tuviera diferentes niveles.

Ajá, como si avanza tuviera diferentes niveles, ¿y en ese...?

Como si ese apagarse, el avanza igual es un avanza.

Ajá, o sea el avanza, el apagarse del avanza sería en sí mismo el proceso que debes avanzar ahora, que debes conseguir, que debes ir hacia ese...

No. Es como, es muy interesante, porque es como un avanza, lo que veo es como un avanza, veo como un infinito. Como si el avanza fuera cumpliendo infinito, como que acá está unido, después se abre avanza, se vuelve a cerrar, pero avanza igual. Como si hubiera un avanza y se vuelve a cerrar y otra vez un avanza en doble y se vuelve a cerrar en doble y un avanza en doble, como si armara un ADN con hebras...

¿Una cadena de dobles hélices...?

Sí, que se van encontrando en un punto y avanza y otro punto y avanza y otro punto y avanza, como si fuera un avanza en diferentes... ahh −suspira− niveles o realidades y cada vez que se encuentra en ese punto termino en esta caja.

Ajá.

¿En el momento en que se produce ese cruce de esas dos hebras que se asemejan al ADN?

Sí.

¿Después de ese avanza es cuando te encuentras en esta situación?

Cambio de nivel.

¿En esa caja?

Sí, cambio de nivel o de realidad o de situación o de movimiento o de sitio o de... no sé...

O sea que cada espacio entre cada cruce y cada avanza que hay entremedio, ¿sería un switch de un cruce a otro?

Sí.

Con el avanza en medio, por decirlo así...

Sí, pero también es avanzar. Un switch es avanzar. Todo es avanzar, lo que pasa que algunos avanza son más activos y otros avanza son más pasivos. Es como lo que siento ahora que es una energía masculina recogida en un útero que está avanzando en un proceso de transformación hacia otro avanza.

¿Puedes sentir algo en relación hacia ese otro avanza?

Sí, por eso siento que estoy como, como... como que bueno, todo se va abriendo. Por eso siento que estoy como en eso que parece un útero porque se está recodificando la función avanza porque ya el avanza no es como era antes. Ahora el avanza es distinto, es con otra codificación que es la que se está dando en este espacio de desconexión, porque se desconecta del programa anterior y se activa el programa nuevo que es como un nacimiento, es como un huevo que está conteniendo ese avanza para que se desactive y se vuelva a activar. Es como una respiración también o como un latido de un corazón, eso es como un movimiento, de avanza, espera, avanza, espera, pero la espera también es una espera en avance.

Entiendo. ¿Entonces ahora te encontrarías en un punto en el que, superando esa energía masculina, estás en un avanza, esperando hacia un cambio energético?

Sí, pero siempre soy energía masculina porque siempre avanza.

¿Siempre se avanza y siempre se avanza como energía masculina?

Sí, lo que pasa es que ahora estoy en una contención de una vasija, una energía femenina. Lo que reconfigura es la energía femenina, la energía femenina es la que le da significado al avance.

Al estar en ese útero sería como ese capullo donde se mete esa crisálida para antes de salir como crisálida llevando en el proceso de gusano, ¿sería algo así? ¿Un cambio de una metamorfosis?

Sí, algo así.

¿Podría ser una analogía?

Podría ser un niño también, podría ser un montón de cosas, podría ser una energía, podría ser una vibración, podría ser un mundo, podría ser un universo, podría ser ahora que estoy en estado, como llamarlo es un estado...

¿De formación hacia esa nueva realidad?

Sí, es un estado como básico, es un estado como potencial. Entonces en ese estado potencial puedo definir conforme la vasija. El potencial de la vasija es hacia donde avanza, pero es algo que no lo puedo definir como energía masculina, me lo da la configuración de la energía femenina porque esa energía es la que da el código, el Codex es toda la energía femenina. Yo sólo tengo la programación avanza, como si yo fuera una llave, pero lo que se abre del otro lado, lo define la puerta o la cerradura.

Es lo que se forma en ese proceso en el que te encuentras ahora, de vasija, de útero.

Sí.

Muy bien. ¿Sabes cuál sería el siguiente proceso que viene o estás a la espera de esa transformación, de esa generación?

Sí, estoy en la... como en el horno. Ja, ja, ja —se ríe—.

En ese proceso de horno, ¿estaría en un proceso avanzado, de finalización que te permita ver algo de lo que viene o no se te permite ver nada de lo que viene?

Es que no, no viene. Se crea.

Bueno, se genera, se crea, se genera.

Sí, sí, se crea. Es muy interesante porque se crea, porque se crea en ese... en ese avanza y en ese útero lo que se crea después cuando se abre el proceso es dual porque viene una hélice y la otra que juegan un juego complementándose, distanciándose hasta un punto en el cual se integran y volvemos a configurar el útero o la vasija o la... o la unión para luego otra vez, es como un proceso interminable, eterno, sin tiempo, sin, sin... lo único que sí puedo saber es que luego se abre en dos hélices y que las dos hélices son complementarias.

¿Son complementarias...?

Una de la otra. Una depende de la otra.

Para luego cuando finalice otra vez ese proceso en esa infinitud...

Se vuelven a integrar.

Se vuelvan a integrar juntas.

Ajá.

¿Sabrías decirme por qué se te está mostrando esta situación, este escenario así? ¿Sientes eso?

Sí, porque este es un momento de creación, como que el momento de la desintegración ya pasó. Ahora es un momento de la integración. Ya está producida, ya se produjo; entonces ahora estamos en ese proceso de creación de la siguiente apertura. O del siguiente juego.

¿Sería una analogía de lo que está sucediendo actualmente con la vida en la Tierra y con la Humanidad?

Sí, sí. Lo que pasa que esto está ocurriendo en un nivel, en el nivel de la... vamos a decir así, de la causa de la causa. Entonces depende cómo se pueda conectar con la causa de la causa para materializar.

¿De qué depende cómo se pueda conectar esa causa de la causa, entre una y otra causa? ¿De qué depende?

¿En el mundo de la causa o en el mundo del efecto?

En el mundo de la causa y luego bajarla en el mundo del efecto. ¿De qué depende que esa causa se conecte con esa causa inferior?

No, no, está todo conectado.

¡Ah! Está todo conectado, no hay separación.

Está todo conectado. No, no, no hay separación. Lo que es interesante es que ese juego ya está, ya está planteado, vamos a decir así que, no sé exacto pero me parece que es lo más comprensible. La eternidad ya está planteada, de qué depende en el mundo de los efectos es como cada uno conecta con esa eternidad, porque en definitiva cada uno forma parte de esta Matriz Eterna, porque no hay cada uno.

Ah, y está en esa conexión individual y en esta experimentación de efecto, está lo que sería la causa, depende del efecto volvería hacia arriba, ¿sería lo que daría como causa? ¿En función del efecto de como cada uno aquí individualmente lo experimente?

Sí, es como que da igual porque está todo, entonces depende en que, como decía hace un ratito, ese útero en esa unión e integración en este punto está en potencia, entonces depende de cómo cada uno conecte es lo que materializa, porque no hay un cada uno, en este punto como se expande en diferentes capas, en diferentes versiones, en diferentes realidades, en diferentes mundos, pero es potencial puro de la totalidad, hay una sola cosa que no se puede que está como, como... hay una sola cosa en este nivel de causa de causa, que es de la expansión en complementariedad.

Expansión en complementariedad.

Sí.

¿Podrías concretar un poco?

Es como la apertura, como que la salida de esa vasija va en dos capas, en complementario, para un lado y para el otro, pero un lado y el otro son lo mismo vistos en espejo, como que de esta, este útero, que es el efecto de la causa pero es la causa del efecto que continúa otra vez en esa unión en infinitos. Este es el efecto de la causa pero es la causa del efecto.

Sí, porque sería como encadenado uno a otro.

Sí.

Continuamente...

Sí.

En un continuo...

Sí, la causa de efecto. Esta causa puede potencialmente ¡pah! explotar en infinitas partículas y cada una de esas partículas puede elegir experiencia, pero esa experiencia la va a elegir el ser causa en... en dos hebras.

Va a elegir experimentar esa causa o en una o en otra hebra para llegar a ese...

O las dos.

O en las dos al mismo tiempo.

Sí, o en múltiples también. No hay límite.

Posibilidades infinitas.

Sí, depende de cómo se vayan esas partículas que explotan. Es como un parto, esas partículas que explotan depende cómo se quieran organizar y es cómo van a experimentar.

¿Sabes para qué se está mostrando toda esa información? ¿Qué función, qué analogía tendría actualmente con la situación que se está viviendo en la Tierra, la situación que está viviendo la Humanidad y... estamos en ese punto de cocción dentro del útero?

Sí, es como, es como salir del... porque lo que se muestra es que esa partícula de causa masculina está apagando la versión dual anterior y configurando una versión dual siguiente, pero está ahora en estado de potencial. Entonces todo el potencial está abierto. Para poder conectar con ese potencial abierto lo que hace falta es apagar la vibración de la expansión anterior, porque esta vibración está terminada.

Ajá, muy bien.

Está terminada en el mundo de las causas.

En el mundo de las causas sí, está bajando, abriéndose al mundo de los efectos...

Está disponible.

En el mundo de la Tierra.

Está disponible.

Disponible, ajá. ¿De qué dependería o en base a qué se toma esa elección?

Lo que cada partícula...

Cada uno, ¿lo que cada partícula quiere experimentar?

Si es que decide experimentar.

¿Si es que decide experimentar?

Claro sí, hay otros niveles en los que puede decidir acompañar o contener.

Muy bien, ¿hay alguna otra información?

Sí, ¡qué interesante! Como que ahora sí puedo comprender el efecto de los... como que de ese mundo bajan diferentes capas... no porque ahí estamos en el mundo de la causa pura. De la causa pura para un determinado nivel; no es la causa de la causa, porque no hay, siempre hay algo más arriba y algo en lo que eso deriva. Lo que puedo comprender... Los diferentes niveles en lo que eso deriva y puedo comprender porque algunas... algunos experimentadores, algunas partículas experimentadoras de último nivel utilizan otras partículas en niveles superiores para conectar, por ejemplo, la idea de santos o de maestros o de extraterrestres o de dioses o de...

Esos niveles considerados, vistos desde esas capas que están más abajo, como superiores porque se vería...

Acá están contenidas todas las capas, hay capas también. Esto está muy lindo. Hay capas como un piano, porque el piano tiene teclas blancas y también teclas negras, esas capas intermedias no se pueden ver fácilmente pero también están. Este es en octavas, como si todo estuviera en octavas.

¿Entre capas y capas se movería en octavas?

Sí, entre capa y capa... sonidos y para mí, desde acá es como música, es como luces, es como... y si bajo es también significados metafóricos infinitos.

¿Y por qué comentabas...?

Ya salí, ya salí...

¿Ya saliste?

Sí, como que ya salí y ahora es pura expansión. Ahora es pura expansión, como chispitas, como chispitas, como si miraras el cielo una noche estrellada y vieras infinidad de chispitas expandiéndose, moviéndose, como si estuvieras nadando en estrellas...

¿Es decir que ya habrías superado ese nivel de estar ahí en esa habitación para expandir en esa nueva generación de capas y efectos?

–Silencio–.

¿Qué sientes ahí?

Pura, pura, pura luz expandiéndose afuera, como... no sé... como alegría, como paz, como música, no sé... como una música coordinada y como si todo tuviera... es muy raro, como si todo tuviera sentido, pero como si el sentido fuera incognoscible.

¿Una armonía propia?

Sí, eso. Armonía, es como armonía... armonía entre capa y capa, entre movimiento y movimiento, entre luz y oscuridad, entre colores, sonidos. Y es muy interesante porque en la... en la expansión total se percibe como la contracción total, como el lleno y el vacío –sonríe–.

¿Tiene vacío y produciéndose todo al mismo tiempo?

Sí, es lo mismo. El lleno y el vacío es lo mismo, es como las dos capas, son las dos hélices, son lo mismo, da igual. Es lo mismo, desde eso, desde el sustrato o desde la causa del sustrato todo es lo mismo, tampoco es la causa es sustrato, las palabras no alcanzan para... —suspira—.

¿Está produciéndose al mismo tiempo, aunque el tiempo tampoco existe?

Ajá.

¿Hay alguna cosa más, alguna información más que quieras aportar de todo este escenario?

Sí, puedo en una inspiración... puedo contraer todo eso y llevarlo a un campo y del campo materializarlo en un... en una realidad concreta.

¿Sería de alguna manera algún símil de creación de realidad?

—Inspira... Silencio—. Ahí está, ahí lo traje al corazón. Y ahora pasa lo mismo porque esa célula, ese cimiento, metida adentro del corazón en un cuerpo también se siente como la habitación acolchada.

¿Lo que comentabas al principio que empieza y acaba infinitamente?

Sí, como una inspiración y una exhalación en diferentes niveles en diferentes capas, pero en fractales.

Fractales en este mismo movimiento dual...

Sí, no se siente igual. No es lo mismo estar en un corazón humano que estar en un campo, es como más chiquito. Ahora lo que siento que es como una gotita en un océano y el océano, como que saqué el foco del océano y el foco ahora está puesto en esa gotita pequeña de esa experiencia, pero es como si... bueno, da igual.

En esencia es lo mismo, es la misma experiencia...

Sí, en diferente capa en un fractal, en una dimensión, en un color específico con un sonido puntual pero que el sonido puntual también es una armonía de otros sonidos que se pueden expandir o se pueden contraer, depende del... de ese potencial...

Voy a volver...

El Atractor

20.01.2022

Copiloto: Luz Ángela López

Me veo sentada sobre una montaña como en un precipicio. *¿Es algún lugar que reconoces, has estado allí antes?*

Sí, estuve así en esta realidad, no en la vida cotidiana, pero sí en esta realidad estuve varias veces acá.

¿Qué se ve desde ese precipicio?

Se ve hacia abajo, se ve como si se viera el planeta Tierra, pero no el planeta visto desde arriba sino como un valle y montañas.

¿Cómo estás? ¿Sentada, parada, elevada?

Sentada.

¿Cómo es tu cuerpo?

Es un cuerpo como de forma humana pero muy delgado y llevo puesto un traje todo pegado al cuerpo, como si fuera de goma o de neopreno o algo así, pero blanco. Tengo todo el cuerpo envuelto en ese traje, incluso la cabeza. Como si fuera un traje que contiene no un cuerpo, sino una energía. Como si esa energía para poderla contener en ese lugar tuviera que ponerle ese traje. Bueno, como si fuera un traje de piel, pero blanco... No es piel natural, es artificial, es como una piel híbrida que no es orgánica, es una mezcla de orgánica y artificial.

¿Esa piel te da una apariencia física?

Sí, una apariencia física y una contención de la energía... Es que sin esa piel, la energía estaría desparramada, como expandida. Entonces esa piel lo que hace es amalgamarla, integrarla y dejarla sostenida en esa realidad.

¿Eso que ves corresponde al planeta Tierra o es algún otro planeta?

Parece el planeta Tierra, sí.

¿Es decir, que vienes en otro espacio tiempo, no en este tiempo?

No me puedo dar cuenta qué tiempo es, no sé si es un tiempo real... no sé si estoy entrando en el planeta Tierra real o en un holograma del mismo. Pareciera más un holograma, como que estoy entrando en ese holograma... Que no tiene tiempo, un espacio sin tiempo. Como un campo, como un campo... Eso.

¿Puedes observar algo que se esté desarrollando en ese paisaje que ves frente a ti?

No, sólo veo naturaleza, incluso no hay ni animales, ni humanos...

¿Hay alguna construcción?

No, es como si estuviera sentada en una de las colinas o en uno de los precipicios del Cañón del Colorado y pudiera ver desde ahí, todo. Pero ese todo que veo está como vacío, no hay ni animales, ni humanos.

¿Detrás de ti percibes algo o es parte de la naturaleza?

No. Es como si estuviera en un holograma, como un plano holográfico del planeta Tierra.

¿Por qué estas observando ese plano?

Porque estoy como percibiendo la vibración. Para poder entender qué está pasando necesito percibir la vibración, porque los acontecimientos sólo son efectos y esos acontecimientos generan una vibración y entonces lo que es necesario considerar es la vibración, para saber si esa vibración es acorde a lo que sería su estado evolutivo o requiere ajuste.

Es como un médico en el planeta Tierra cuando utiliza un aparato de diagnóstico para evaluar el funcionamiento del cuerpo y ver si ese cuerpo funciona adecuadamente o requiere algún ajuste.

De acuerdo a esa evaluación que estás haciendo, ¿se requiere algún ajuste?

No, todavía no termino de hacer el testeo, como el testeo del campo holográfico sin la intervención humana ni animal.

¿Cómo se lleva a cabo ese testeo?

Simplemente mido el campo.

Bueno. Hazlo, tómate tu tiempo para realizar el testeo y nos cuentas qué sucede, cuál es el diagnóstico...

Sí, hay como un desgaste energético, lo que pasa es que ese testeo se hace... hay un dolor muy grande, hay como un dolor. Hay dolor, hay un desgaste y dolor. Hay desgaste y dolor.

¿Ese testeo es... corresponde al estado actual del planeta?

Sí, no es el testeo del planeta. Es el testeo del campo energético que se mueve alrededor del planeta. No es un testeo de la energía del planeta, es un testeo de la energía de lo vivo en el planeta, sin incluir a lo mineral y a lo vegetal, sólo incluyendo a lo humano y animal. Y hay un desgaste... la interacción del humano y el animal genera un desgaste y un dolor.

¿De qué forma generan los animales ese efecto en el campo?

Porque los animales tienen la función de absorber el movimiento energético en el campo humano y equilibrar, como las plantas y como los minerales.

Los minerales más sostienen; las plantas equilibran en un nivel y los animales equilibran en otro nivel. Pero no están llegando a equilibrar el movimiento energético que se está produciendo a nivel humano.

¿Eso quiere decir que se requiere de algún ajuste?

Sí, claramente se requiere un ajuste.

¿De qué manera se puede hacer ese ajuste?

Bueno, el hecho de testearlo ya es un principio de ajuste porque es un elemento externo interviniendo en la configuración. Entonces es hasta ahora sólo lo que se puede, como una influencia, no una intervención.

Entiendo. Contigo observando o detectando el campo, ¿hay alguien más?

Sí, yo soy como una herramienta, como una herramienta in situ, pero están también los que analizan la información y hacen los ajustes, son otro nivel en otro lugar. Podemos llamarles sensores a la función que estoy cumpliendo como herramienta, hay otros sensores en otros lugares testeando otras cosas. Como si hubiera muchos sensores, como si tuviera puesto electrodos al campo del planeta para ir midiendo y esos electrodos, cada uno mide una situación diferente.

El hecho de estar ahí midiendo ¿hace que haya un cierto ajuste, por parte de estos sensores?

Sí, el hecho de estar coparticipando del proceso es como una influencia, entonces la influencia ajusta. Mínima es la influencia y el ajuste, pero hay un ajuste.

¿Nos puedes hablar un poco más sobre el dolor, sobre ese efecto que el humano ejerce sobre el campo?

Sí, es un dolor porque es un... los minerales configuran el campo, los animales sostienen energéticamente actuando como filtros del campo y los humanos mueven el campo. Si no hubiera humanos, los animales no serían necesarios, pero los vegetales sí porque sostienen junto con los minerales y lo que sucede con los humanos es que se desconectan. Es como en un arbolito de navidad que se ponen luces, que es como un cable así lleno de luces y todas las luces están conectadas al cable y todo el campo se ilumina en función de las luces que trae ese cable, enroscadas en el arbolito. Pero parece ser que las luces son los humanos que se desconectan y al desconectarse queda como una cosa ahí como un ruido, es como ruido... como un pelo todo enredado, ruido.

¿Qué sucede cuando se desconectan?

Se pierden, quedan como flotando en el medio de la nada misma.

¿Qué hace que se desconecten?

La conexión es muy sutil... porque esa es la experiencia. La experiencia es venir a construir y sostener esa conexión a pesar de... y no todos lo pueden sostener. Entonces, cuando se hace esa conexión vulnerable, se corta... Es como las lucecitas de los árboles de Navidad que están hechas por los chinos, tienen una duración determinada.

¿Se desconectan todas o hay algunas que no se desconectan?

No, no, no. Lo que pasa es que cuando se desconectan, algunas se caen y cuando se caen es como si cayeran en un agujero negro, entonces se van juntando con otras que caen en el agujero negro y hay como ruido. Hay como otra capa que se desconecta pero la caída no es tan grande, entonces quedan como medio flotando. Hay otras que están que ¡ay! me desconecto, no me desconecto, entonces hacen como corto circuito y después están las conectadas. Pero la luz de las conectadas no alcanza para sostener la iluminación del campo y los animales no pueden limpiar todo el movimiento y el ruido que hay, entonces también se genera crisis en ellos. Entonces, en lugar de ser... hay mucho ruido y mucho dolor.

¿Esos niveles de desconexión se pueden restablecer?

Sí, están siempre disponibles.

¿Aun los que están completamente desconectados, que caen?

Sí, sí. La conexión está siempre disponible porque cada lucecita tiene su lugar de enganche, como si fuera... cada una tiene su lugar donde se enrosca, entonces eso no se pierde. Lo que se pierde es la luz cuando se cae.

A nivel de la horizontal, ¿qué es lo que hace, dentro del ser humano, que pierda esa conexión, a qué nivel se da esa desconexión?

No, es como... Acá no hay una horizontal, es un campo en capas, es un campo en capas. La parte interna del campo tiene como... un atractor y las partes más externas a medida que te vas alejando de ese atractor, la influencia del atractor es mínima. Entonces, cuando se entra, cuando entrás como a esa luz, esa luz se pone a nivel externo, pero como las lucecitas que van entrando tienen distinta potencia, distinto caudal de conexión y distinto nivel de luz o de potencia, algunas son atraídas por el atractor; algunas resisten, otras caen en el agujero negro. Es como un agujero negro, si como un pozo que succiona, es como un atractor. Entonces, si la conexión no es fuerte, si no hacen la resistencia adecuada, si no tienen el rosque justo y se caen, son atraídas por el atractor porque la función del atractor es esa, es atraer.

En esta dimensión que vivimos 3D ¿qué sería ese atractor?

Un atractor es como el centro de ese campo, es como el núcleo de un átomo que atrae a los electrones pero los electrones como giran, se mantienen en su giro y por más que el atractor atraiga, mientras los electrones se mantengan en su giro no son susceptibles de ser consumidos por el núcleo. Pero si pierden ese giro, si pierden el movimiento, son succionados.

¿Podríamos llamarlo como más densos?

Sí, claro. Densidad, el atractor tiene densidad... Son como si estuviéramos viendo capas adentro de capas, como las horizontales que son horizontales arriba de horizontales visto desde la 3D; en 2D es horizontal y vertical. En 3D es tridimensional por eso es un núcleo.

Entonces, parece que ese núcleo, si entras en ese núcleo en ese atractor, entras a otra realidad. Como si sales del juego de capas, sales a otra realidad. Son como realidades metidas adentro de realidades; como que esas capas no terminan nunca, pasan de mundos a mundos o de realidades a realidades, hacia dentro y hacia afuera.

¿Entonces, el juego es pasar hacia una capa externa, más alejada del atractor?

No, no necesariamente. El juego es sostener la vibración porque cuando uno entra en la capa más externa queda expuesto al juego de la atracción, del atractor, entonces... ¿Cómo es el juego? El atractor atrae y uno sostiene la fuerza para seguir moviéndose en las capas más externas. Es como la bicicleta, mientras sigas pedaleando sigues andando. Cuando dejas de pedalear, pierdes el equilibrio y te caes. Pero, ¿a dónde te caes? A otro mundo. No pasa nada, sólo que es otra vibración.

¿La vibración es lo que mantiene encendida esa luz, esa conexión?

No, no. La vibración es lo que hace que entres en un mundo o en otro mundo. Lo que la sostiene es el movimiento interno que la potencia de esa luz sostiene. ¿Se entiende? En este juego todos estamos sujetos al mismo atractor, pero no todos tenemos la misma potencia para continuar el movimiento en nuestra realidad. Entonces, los que no tienen la potencia para continuar el movimiento —como la bicicleta— se caen, ¿y se caen a dónde? Bueno, a diferentes capas, conforme puedan resistir la potencia del atractor... Algunos son consumidos por el atractor y van a otra realidad que funciona ahí abajo y algunos, una vez que ya está el juego y ya hizo el camino, ya hizo toda la fuerza, ya está. El atractor no le pudo consumir, bueno, se va a la otra... salta. Como el electrón, que a veces el electrón salta a otro átomo.

¿Cuál va a ser el resultado de este testeo, es decir, si hay unos que están desconectados y otros que están conectados?

No, no. No hay nada que podamos hacer más que esa influencia, esa influencia al testear lo que hace es ajustar. Como cuando entran los animales en el juego, que al entrar los animales equilibran un poco acomodando.

Bueno, al entrar nosotros, que somos los sensores, también. Ajustamos un poco la vibración para generar como más potencia. Como si al entrar los sensores, el juego pasara al siguiente nivel, entonces, los que les faltaba fuerza tienen un poquito más de fuerza. Los que necesitaban fuerza para pasar al siguiente nivel, pasan. Los que cayeron bueno, ya cayeron. Los que están a punto de caer, a lo mejor usan esa fuerza para saltar a otra de las capas del juego.

Lo único que hacemos es testear y ver si hace falta bajar más sensores, lo único que podemos hacer es bajar más sensores. Porque los sensores son los que influyen en el juego. Pero no sabemos nunca cuándo termina el juego porque el juego no termina nunca, siempre es un movimiento más arriba, más abajo, más adentro, más afuera, con más fuerza, con menos fuerza... con más sensores, con menos sensores... Cómo decirlo... es como en el tenis, que hay uno y que hay otro aquí arriba, que miran lo que sucede en el juego y a veces dicen: "no esto no, lo de más acá, lo de más allá". Bueno, esos que son los reguladores, vamos a decirle así, son como unos reguladores del movimiento en ese campo. Lo único que pueden hacer es enviar más sensores o menos sensores y ¡ojo! porque los sensores también se pueden perder en el atractor... el atractor es muy "lindo, es muy lindo el atractor" ... porque ¡succiona!

Y esa succión ¿a qué nivel, es emocional, es mental...?

Todo, a todos los niveles. Porque el atractor es sólo atractor; el que define en qué nivel juega el juego es el participante.

¿Cómo hacen los sensores para bajar, cómo llegan?

Se materializan. Entrando como un elemento más en el juego, como si fueran una luz más; algunos una luz más potente, otros una luz más apagada. Yo, por ejemplo, usé el cuerpo ese de goma, neopreno, pseudobiológico.

¿Pueden adquirir diferentes formas?

Sí. No todos los sensores adquieren la misma forma, porque no todos los sensores tienen la misma configuración vibracional o energética. Yo necesité un cuerpo porque si no, soy muy dispersa, entonces, el cuerpo me focaliza, me geolocaliza, me planta. Pero el cuerpo hace que tire más el atractor.

Claro, tiene más efecto esa densidad...

Hay otras energías que son sensores también, pero no quieren jugar al juego, entonces, entran indirectamente.

¿Cómo hacen esa conexión? ¿A través de otros sensores?

Sí, a través de otros sensores o no sensores. Lo que pasa es que tiene que ser voluntario, no se usurpa; los sensores no usurpan. No usurpan, no dominan, no domestican, sólo acompañan y comparten. Acompañan y comparten.

¿Provienen todos de la misma fuente, del mismo lugar?

No, no, no. Es una función. Hay muchas funciones. Ser sensor es una función de todas las posibles y se puede ser sensor y muchas otras cosas al mismo tiempo, porque el juego es multinivel.

Volviendo hacia los seres humanos, existe alguna forma de...

No. No existen, los seres humanos no existen. Son como fichas en un juego. Lo único que existe son las esencias que eligen meterse en el juego y para meterse en el juego usan un cuerpo humano. Pero no existe, no hay un ser humano.

¿Es decir, que esas esencias que vienen son lo que estamos diciendo que son las lucecitas del árbol?

Sí. Son luces con una vibración y esa luz a veces es más potente y a veces menos.

¿Es decir, que no todos los cuerpos que hay son esencias?

No, los cuerpos es el juego. El juego viene con fichas, algunas están asociadas con lucecitas y otras no... Lo mismo pasa con los animales.

¿Ah, sí? ¿No todos los animales tienen el mismo nivel de vibración?

Exacto.

¿Nos podrías ampliar un poco esa información?

En los animales es distinto de los humanos. Porque los humanos son una ficha estándar, la ficha estándar es unión óvulo y espermatozoide, con unos rasgos y otros rasgos, pero es una ficha estándar. Ahora, esa ficha estándar tiene una biología con una vibración o con otra vibración. Es siempre la misma ficha, pero cambia la vibración conforme la raza. Por ejemplo, la raza amarilla es más primitiva que la raza blanca, pero la configuración es la misma, porque siempre es óvulo espermatozoide con el mismo programa; sólo que ese programa tiene una vibración más elevada o menos elevada.

Los animales, no. Los animales tienen diferente configuración porque la ficha es distinta; no es lo mismo una ficha de perro que una ficha de rinoceronte, que una ficha de jirafa. Son fichas distintas, entonces, tienen vibración distinta, función distinta. Y como muchas de esas tienen una función colectiva, no reciben una luz individual, reciben una luz colectiva, compleja. Pero algunos de esos, ni siquiera reciben la luz compleja, porque son una ficha más del juego, como si fueran un soldado en una batalla. No son más que elementos, no tienen configuración voluntaria, o con discernimiento, o con libertad, o con consciencia. Pero los animales algunos sí, algunos sí. Hay unas determinadas razas en las cuales hay un nivel de vibración, que además de tener esa consciencia colectiva se puede tener una protoconsciencia individual. Entonces tienen un nivel de influencia más grande y la carga también es mayor.

¿Podríamos hacer el símil con la lucecita? ¿Hay algunos animales que también pueden tener esa lucecita? ¿Nos pudieras contar algunos de ellos que tienen esa luz?

Sí. Los más comunes son los animales domésticos en todos los niveles y esa lucecita depende de la luz con la que arman conexión. Un perro, por ejemplo, un gato menos, pero también hay...

bueno, algunos tienen un animal doméstico, por ejemplo, una iguana; esa iguana es distinta de una iguana silvestre, porque establece conexión con una luz.

¿Existe algún soporte entre esas dos vibraciones...?

No, no, lo único que existe es conexión, pero no soporte. La conexión puede conectarse o desconectarse, pero es muy... podría usar la palabra inestable, pero no es la palabra exacta. Es una conexión muy... no me sale la palabra...

¿Efímera?

Podría ser, no es exactamente la palabra, pero podría ser. Por ejemplo, vamos a hablar de un perro como animal doméstico. Un perro como animal doméstico responde a una luz líder, pero si esa luz líder desaparece o el perro se ha entregado a otro, rápidamente suelta esa conexión y arma conexión con el otro. Lo que es difícil para el perro cuando está conectado a una luz líder es después soltar esa luz líder, queda como perdido.

¿Nos puedes explicar un poco la función de las plantas?

Sí. Las plantas son como filtros, como absorben, respiran; son como pulmones. Las plantas son como pulmones que absorben y transmutan y exhalan. Algunos de más categoría, otros de menos categoría y no categoría porque esta sea mejor o peor, sino por el potencial. Por ejemplo, un bosque tiene más potencial que una plantación de girasoles, pero la plantación de girasoles también funciona como pulmón. Como pulmón en doble sentido, porque pulmonizan el entorno y pulmonizan la vibración.

¿Energéticamente también?

Sí, sí. Los minerales trabajan en conjunto con los vegetales. Así como los animales y los humanos, los minerales y los vegetales.

¿Nos podrías ampliar un poco la función de los minerales?

Es igual que la de los vegetales, lo único es que tienen una densidad mayor, un ritmo más lento y hacen como de piso. Los vegetales no tienen esa fortaleza, por eso trabajan en conjunto con los minerales. Los minerales vienen a ser a los vegetales, como los animales a los humanos.

¿Existe algún mineral cuya función no contribuye?

No, no existe. Todos forman parte como de un ecosistema y también hay otra raza, otra ficha, que no tiene la configuración densa. Hay otra ficha, este es un campo que funciona con 5, es un campo 5; no es un campo 4, es un campo 5.

¿Qué raza es?

No, no es una raza. Es una ficha como etérica, es como un recipiente que puede recibir otro tipo de vibración.

¿Nos puedes ampliar la información?

Sí. Por ejemplo, los elementales. Los elementales que son los sensores del reino vegetal. El reino vegetal y el reino humano tiene sensores, los elementales son los sensores del reino vegetal y nosotros somos los sensores del reino humano. Pero constituimos una quinta configuración, la de sensores.

Es decir, que ellos tendrían una función también como de equilibrio.

Sí. Hay otro nivel también, pero no vamos a hablar de eso.

¿Hay alguna otra información que nos puedes dar con respecto a las esencias y a la luz que producen ellas? ¿Cómo potencializar o cómo mantener esa conexión?

Sí, sí. Cada luz sabe. Cada luz sabe, el problema es que lo olvida cuando entra dentro del campo de influencia del atractor, la función del campo de influencia del atractor es... eso, atraer. Entonces, al atraer es como que tira para el otro lado... ¿Por qué? Porque al tirar para el otro lado, obliga a que sostenga esa conexión, entonces, la única forma de generar conexión sostenida es haciendo fuerza para salir del atractor y mantenerse en movimiento como andando en bicicleta. Siempre.

¿Es una labor completamente individual?

Completamente. Es de cada luz. Lo que importa es conocer cómo funciona el sistema, porque lo primero que sucede es que cuando caen como luces, olvidan cómo funciona el sistema y quedan en la influencia del atractor. Al olvidar cómo funciona el sistema, el atractor es lo único que existe. Entonces, uno se pierde y todo se transforma en luchar para salir del agujero.

¿Y cómo recordar?

Bueno, esto que estamos haciendo forma parte del acompañar a recordar. Esa es la función del sensor, acompañar a que la vibración influencie y eso es lo que hacemos, influenciar, recordando.

¿Hay alguna forma de evitar ser atraídos por ese atractor?

No, imposible, ese es el juego. Esa es una de las principales problemáticas; en lugar de entender el funcionamiento, lo quieren evitar.

Repito: en lugar de entender el funcionamiento del juego quieren evitar el juego.

¿Hay alguna otra información que desees compartirnos?

Sí. Ahora hay como una... lo que empiezo a ver es que ahí, en ese precipicio se empieza a iluminar como el cuerpo ese, se empieza a iluminar. Lo que empiezo a ver es que en ese campo empiezan a iluminar otros, de diferente dimensión, de diferente tamaño, de diferente configuración. Como que los sensores están empezando a... es el momento de recordar a los sensores y de influenciar un poco más potentemente. Esa es la conclusión del testeo.

¿Sería el diagnóstico?

Sí.

¿Algo más?

Sí, se ve muy lindo. Se ve como un arbolito de Navidad iluminado.

¿Qué pasa luego de que esas lucecitas se prenden y se ilumina?

Como si el atractor tuviera menos potencia y como si cada uno comenzara a tener más potencia, porque eso es lo importante. Cuando el atractor está muy fuerte, por más que cada lucecita ponga el máximo de su potencia, a veces no alcanza, porque el atractor está muy fuerte. En cambio, ahora que los sensores fuimos iluminando, el poder del atractor se va disminuyendo, entonces, cada lucecita puede tener disponible menos potencia para más resultado y el resultado es conservar la luz; no es otro que conservar la luz y ampliarla.

¿Hay más lucecitas desconectadas que entran en vibración y se conectan?

Sí, hay como un flotar de lucecitas que se empiezan como a prender tenuemente. Como cuando ves esas películas que los astronautas sueltan la fuerza de gravedad y empiezan a flotar... todavía falta, falta.

¿Pero poco a poco eso va a contrarrestar la densidad?

Sí. Se empieza a sentir la disminución del poder del atractor.

¿Qué pasa cuando ya esa densidad no afecta?

Habría que esperar a ver qué pasa. Ahora vemos esto... Bueno, se armó como un torbellino de luz y me fui al torbellino de luz.

¿Vas sola? ¿Estás en el torbellino sola o...?

Sí, ya perdí la consciencia...

¿Dónde estás?

Como desparramada.

¿Perdiste tu piel?

Sí, ya no...

¿Estás en la luz?

No, estoy como en un movimiento.

¿Cómo te sientes estando ahí?

Como efervescente.

¿Secuencia de lo que estábamos viendo o estás en otro nivel?

No, estoy como expandida.

¿Quieres integrar esa situación?

Quiero expandirme.

Quieres expandirte, muy bien.

Es que no logro... parece que hubiera un límite a la expansión, como que cuando llego a ese límite tengo que volver... Bueno, acá estoy. Estoy volviendo.

Somos Antenas

Copiloto: Rossana Barbero Lozada

Tengo los pies apoyados en la Tierra y siento que de esos pies salen como unas raíces que van metiéndose en la Tierra y como con la energía que viene de la Tierra, que es como un fluido medio verde amarillo, va subiendo por el cuerpo, por la columna vertebral y se estira por los brazos y salen como ramas que se extienden hacia el Cielo.

¿Puedes ver cómo es tu cuerpo?

Sí, es como el tronco del árbol y es como una cadena de ADN. Como si fueran círculos concéntricos o anillos que se van entrelazando, como si todo eso, como si mi cuerpo puesto en ese árbol se hubiera convertido en una cadena de ADN multidimensional.

¿Qué sientes ahí con esas raíces que están tocando el centro de la Tierra, esta conexión con el árbol, qué sientes?

Siento como un fluir, como un fluir de energía, un fluir muy grande de energía que va subiendo y bajando y subiendo y bajando. Va subiendo y bajando. Es como si fuera de la Tierra hacia arriba, como sube y baja, baja como una consciencia. Sube como una vibración y baja como una consciencia. Eso es.

¿Qué te transmite esta consciencia?

Me siento como un poco eléctrica, como un poco electrificada, como un poco activada.

¿Es como una energía de electricidad que te pasa?

Sí, como una carga. Pero como una carga eléctrica, no como una carga de peso.

¿Sabes por qué estás ahí recibiendo esta carga energética?

Sí, como si fuera una antena.

¿Una antena que está recibiendo y al mismo tiempo transmite?

No. Es sólo un transmisor, la función principal es transmitir, transmitir del centro de la Tierra hacia arriba. El fluir de la energía es del centro de la Tierra hacia arriba, como si fuera un transmisor que dice "bueno, a ver, si sube esta vibración baja esta consciencia". Como un comunicador, como un intercomunicador.

¿Puedes sentir si hay otros comunicadores cerca de ti en este momento o estás sola?

No, en este momento en este lugar soy como yo.

¿Puedes percibir alguna otra electricidad o vibración que te transmite esta consciencia?

No, como que lo más fuerte es la energía esa que fluye, que fluye del centro de la Tierra y como va subiendo. La siento como densa, como si fuera una savia que va subiendo y penetra y se va como para allá y cuando se va para arriba tiene como arriba, como unas terminales y de esas terminales emite como unos rayos así que es como una vibración y eso hace que cuando llega, en un determinado nivel se conecta con la consciencia y baja consciencia. Como lluvia, —ja, ja—, como lluvia; como si la vibración que sube de la Tierra fuera más... más densa y la que baja, más sutil.

¿Se trasmuta a través de ti, también?

No, no. Como que son dos diferentes frecuencias, como que la que sube de la Tierra es más densa y la que baja es más etérica, más... más abstracta, como más sutil.

¿Esta consciencia viene acompañada de alguna información?

Sí, es información. Siempre es información, sólo que cuando sube esa información es más densa y más acuosa y cuando baja es más sutil y más aérea.

¿Quieres compartir algo de esta información, lo que puedas sentir?

No, esa información no tiene... no la puedo... es como información en código, es como si fuera en clave morse o algo así. No, no la puedo decodificar.

¿Sabes porque estás ahí sintiendo esta información, esta consciencia?

Sí, como si se hubiera activado un... como si se hubiera activado un switch.

¿Ese switch, hacia dónde va?

No, ese switch es como un on – off, un prendido y apagado y ahora se prendió, entonces como se prendió llega esa acción.

¡Esto es muy interesante!

Me recuerda a una Conexión que hicimos en el 2020 incluida en el libro *Semillas Estelares, el momento de la acción ha llegado* y que se refiere al virus como un switch.

¿Eso te produce algún desequilibrio en ese ir y venir a nivel físico?

Sí, me produce desequilibrio a nivel físico en el mundo ordinario.

¿Sabes cómo podrías ajustar ese desequilibrio a nivel físico?

Sí, tengo que estar en contacto con la Naturaleza.

¿Eso es posible?

Sí, sí es posible. Sí.

¿Sería como la respuesta ante algún ajuste que hay que hacer a nivel físico?

Sí, claro. Sí.

¿Esa consciencia que baja es la que ha activado ese switch?

No, el switch lo que activó es el proceso.

¿Puedes detallar un poquito más ese proceso?

Sí, es un... es un proceso como si fuera una puerta, como si el switch fuera una llave que entra en una cerradura que abre una puerta y cuando abre la puerta se entra en otro espacio con otro proceso. Bueno, ese es el proceso que se entra ahora, que es de elevar vibración y bajar consciencia.

¿Ese proceso, decías que estando en contacto con la Naturaleza, se va ajustando? ¿Es también un proceso evolutivo que está viviendo la Naturaleza?

Sí, la Naturaleza tiene... el humano en su cuerpo físico es como la terminal que permite acompañar el proceso que hace la Naturaleza, como que todo está relacionado con todo. Como que la Naturaleza hace el proceso a través de esos humanos antenas.

Esos humanos antenas, ¿cómo podrían acompañar su mismo proceso y este proceso de la Naturaleza?

No entendí.

¿De qué forma sería más correcto acompañar este proceso, además de estar en contacto con la Naturaleza?

No, no hay una cosa más correcta o menos correcta. Hay un proceso que se va haciendo y es como muy natural, como que cada uno sabe. Una vez que se activa el switch, cada uno sabe qué hacer, en qué momento, en qué lugar.

¿Aunque para todos, independiente del lugar, siempre es como un switch, un cambio que tienen que dar en su vida?

Sí, el switch es como que se activa a nivel colectivo, después cada uno decide cómo procesa eso, cómo lo procesa. El switch se activó, entonces cuando se activó ya está activado para todo, para todo, para todo el planeta. Entonces cada uno, a cada uno le produce una alteración diferente. Algunos ni lo perciben, ni ven que hay un switch, ni ven nada, no sienten nada, son como...

porque no son las terminales, no son esas terminales que hacen el intercambio.

¿Los que son terminales, como que sienten más sacudida?

Hacen, hacen el proceso. Sí.

¿Cómo sigue tu proceso ahí?

Ahí está como, como empezando. Como va haciendo un proceso lento, duro, difícil, pero inevitable.

¿Sabes por qué se activó el switch?

Sí, porque es el tiempo. Es como cuando llega la primavera, los frutos empiezan o las flores empiezan a abrirse.

¿Como si fuera cíclico?

Sí, sí es como cíclico. De hecho, este proceso ya lo tuvimos, ya tuvimos una aproximación de este proceso, 2007, 2008, 2009, 2010, 2011.

¿Ahí es donde empezó a activarse este nuevo ciclo?

La primera fase.

¿Y en qué fase estamos ahora, sabrías decirlo?

Termina, termina en 2025, así que falta.

¿Por cuál fase vamos?

La final.

Esta ya es la fase final, muy bien. ¿Y cuál es la finalidad de ese cambio, de esa nueva consciencia?

Eso, saltar a una nueva consciencia.

¿Esta nueva consciencia qué nos depara? ¿Sabes algo más?

No, es un proceso distinto, no hay nada que nos depare, es un... es un atravesar.

En ese atravesar, además del contacto con la Naturaleza, ¿otra herramienta que nos puede acompañar para ajustar?

Sí, es distinto porque depende de la configuración del vehículo. El contacto con la Naturaleza es fundamental para el vehículo antena, porque es lo único que le va a permitir equilibrar el proceso, pero también la alimentación. Tiene que haber una alimentación acorde al tipo de vehículo del que se trate, sobre todo con los vehículos antena.

¿Los procesos de los vehículos antenas tienen alguna interacción con los vehículos que no son antenas?

Sí, sí todos interactúan con todos; sólo que cada uno lo hace a su nivel de vibración.

¿De esa manera también se acompaña el colectivo?

Sí. Es que el colectivo está conformado por todos esos elementos, entonces no hay algunos que sean mejores o peores o... no, no. Es una composición. Es como cuando vas a hacer un pastel, el pastel tiene harina, azúcar, huevos y cada uno es un elemento compositivo... compositivo, un compuesto, cada uno con su vibración pero todos hacen al todo y no es lo mismo un pastel sin huevos que con huevos o sin azúcar que con azúcar, entonces todos tienen la misma relevancia a los fines del pastel pero individualmente cada uno tiene un proceso distinto, no es lo mismo la manteca y su comportamiento ante el fuego, que los huevos o que la harina o la leche, cada uno tiene un comportamiento diferente ante el fuego.

Lo que comentabas antes, de esta energía densa que viene del centro de la Tierra que es diferente a esta energía que viene del centro del Universo, ¿cómo sigues sintiendo este fluir?

Es un fluir que se intensifica, como que se intensifica.

¿Debes de atravesar este proceso?

Sí, sí, no hay forma, no hay forma de evitarlo.

¿Cómo te sientes ahora?

Y... bastante densa, bastante.

¿Puede tener secuelas este proceso?

No, no, no va a tener secuelas. Sólo hay que juntar paciencia para atravesarlo.

¿Afecta de alguna forma también el ADN, este proceso?

Sí, claro, porque es composición de ADN.

¿Es como si fuera una nueva reconfiguración de ADN?

Sí, es un reseteo y configuración nueva. Es un fin de ciclo, un fin de ciclo.

¿Sabrías decir el tiempo terrenal de este proceso, cuánto...?

Sí, sí. 2025 va a quedar completo.

A nivel de tiempo en donde te encuentras, ¿en qué punto del proceso estás?

2022 está recién iniciando el proceso.

¿Hay algo más que te llame la atención de lo que estás sintiendo?

No, como que es un proceso para atravesar.

¿Como que no hay que intervenir, hay que dejar que...?

No, no. Hay que dejar que el proceso fluya, es como dejarlo.

¿Es como soltar el control?

Totalmente, sí.

¿El vehículo puede sentir más intensidad o densidad de acá a esa fecha?

Sí, puede atravesar diferentes niveles de potencias, movimientos, cambios...

¿Es como un fluir eterno con este proceso hasta que finalice y puede tener subidas y bajadas?

Sí.

¿Todo sería normal o dentro de lo esperado?

Sí, sí, no hay... no hay mayores complicaciones. Sólo fluir.

¿Ese fluir con ese contacto con la Naturaleza también nos....?

Es imposible atravesar el proceso sin contacto con la Naturaleza, porque ahí sí revienta. Revienta. La antena no... no lo puede atravesar.

¿Hay alguna herramienta más, además de la alimentación y la conexión con la Naturaleza?

Sí, básicamente esas son, lo que se alimenta, el contacto, la conexión, el soltar el control, el fluir, el atravesar, el no resistirse.

¿De alguna forma los que son conscientes de ser vehículos antenas, tienen alguna responsabilidad para poder acompañar a otros a este acercarse con la Naturaleza?

No, no es un... este es un proceso distinto de procesos anteriores, porque... la antena tiene que cuidar la antena. Este es un proceso distinto. La antena tiene que hacer foco en la antena, en este proceso la antena tiene que ocuparse de la antena. No... Este es un proceso diferente.

Entiendo, ¿porque eso sería quitarle del foco si se dedica a....?

No, no, no creo. Ahora es otro proceso.

Sobre la nueva consciencia, ¿a qué se refiere, esa nueva consciencia?

Es una consciencia colectiva más que individual, es una consciencia circular más que piramidal.

¿Es por eso que ahora es importante hacer foco en uno, para estar preparados a ese tipo de consciencia colectiva?

Sí.

¿Sigue transmitiéndote esa electricidad esta conexión?

Sí, sí. Ahora se estabilizó un poco, pero sigue haciendo un movimiento arriba abajo que marea un poco.

¿Puedes hacer algo para este mareo?

No. Hay que atravesarlo solamente, sí.

¿Hay algo que percibas en este momento además del mareo? ¿Sientes algún cambio en tu cuerpo?

No, no. Un mareo, un gran mareo.

¿Hay algo que te llame la atención, que quieras compartir?

No, no.

¿Sabes el origen de este mareo, cuál es?

Sí, el intercambio vibracional entre la vibración de la consciencia.

¿Qué pasa con la densidad que procede de la tierra respecto a las antenas?

Voy a tener que volver, voy a tener que volver.

La Tierra, el corazón y el cielo

Somos aquellos a los que estamos esperando.

El momento de la acción ha llegado.

Este es el momento por el que vinimos.

Estas tres frases resumen nuestra situación actual como HUMANIDAD, así, con mayúsculas.

En la última Conexión, además de la idea de antena, queda clara otra idea fundamental: fin de ciclo.

Hemos finalizado el período de la usurpación para entrar en el ciclo de la integración. Fin de ciclo es fin de juego. El juego de la Luz y la Oscuridad que sólo se termina cuando se integran las energías.

Es tiempo de integrar, de integrarnos. De reconocernos como antenas y hacer consciente la energía que estamos antenizando para nosotros, para nuestros hijos, para toda la humanidad.

Es tiempo de ser lo que SOMOS: Luz.

Si llegaste hasta acá entendiste que este es el juego de la Luz que la oscuridad juega para acompañarla a reconocerse en todo su potencial. Y también, que esa luz que juega lo hace desde tu corazón, que es donde habita.

Es el tiempo del corazón.

Es el tiempo de subir la vibración para integrar la consciencia de quiénes somos y qué estamos haciendo acá. Todos. Los que actúan como luz, pero también los que actúan como oscuridad. Porque, en verdad, no existe tal cosa como luz y oscuridad. Sólo existe dualidad en el juego. Y cuando el juego se termina, todos vamos a la misma caja, el Infinito.

En estas Conexiones compartidas también entendiste que hay diferentes niveles. Que SOMOS en todos esos niveles y que la horizontal que experimentamos sólo depende del punto de la vertical en la cual nos focalizamos. Y que, para cambiar de horizontal, sólo hace falta cambiar de punto de vista.

Como decía El Principito...

No se ve bien sino con el corazón.
Lo esencial es invisible a los ojos.

Antoine de Saint—Exupéry

Ese corazón está latiendo al ritmo del Universo Infinito del cual somos una partícula. Tu corazón, mi corazón, nuestro corazón, todos los corazones.

Por eso estamos hablando de corazón, de taquicardia, de presión cardíaca, de miocarditis o inflamación del músculo cardíaco, arritmias, pericarditis post—vacuna, etc.

El centro cardíaco, chacra medio entre los de arriba y los de abajo, está expandiéndose ¿Está expandiéndose tu consciencia?

Por la voluntad o hacia la fuerza nos estamos moviendo al siguiente piso evolutivo de la humanidad. Lo estamos haciendo en conjunto, no en equipo. Luchando la batalla de la luz y la oscuridad.

Fin de ciclo.

La batalla ha terminado.

Dale autorización a tu corazón para que se expanda a la vibración que trajo para expandir con la frecuencia de la nueva humanidad que está naciendo.
Así en el Cielo como en la Tierra.
Somos aquellos a los que estamos esperando.
Hagámosle honor a nuestra llegada.
De corazón a corazón.
Que se note nuestra presencia. Que se note en el corazón.

¡¡¡Nos amo!!!
con el corazón abierto de par en par.

Somos lo que siempre fue, es y será...
en diferentes expresiones en multidimensiones.
Gracias por animarse a experimentar la densidad humana.

Claudia Gonzalez De Vicenzo

Sobre la autora

Claudia González De Vicenzo

He nacido Argentina en 1963. Mi vida parecía haber estado dividida en dos hasta que una nueva idea la ha integrado, finalmente. Primero, una parte a la que llamo ser humana y experimentar el proceso de individuación y socialización. Y otra parte, desde que conocí a Dolores Cannon en 2011, que me llevó a SER y a hacer lo que soy, a la que llamo mi parte MULTIDIMENSIONAL.

Mi idea es que SOMOS una esencia mucho más poderosa que la que manifestamos en esta realidad.

Mi compromiso es apoyar a los humanos a reconocer su potencial y recuperar el poder que han entregado, respetando el libre albedrío de todos los seres.

Mi desafío es acompañar, a todos los que se animen, al encuentro de ese potencial que SOMOS. Y a su manifestación concreta en esta realidad cotidiana.

Para ello facilito procesos de personas y grupos en el reconocimiento de quienes somos como especie y qué estamos haciendo —individual y colectivamente— en el Planeta Tierra.

He escrito algunos libros con la finalidad de poder llevar a la práctica la teoría que sustento.

He creado la herramienta Conexión Cuántica como forma de integrar otras realidades alternativas a la vida cotidiana de las personas. Esto les permite entender su misión y aplicar ese conocimiento a la vida de todos los días.

Llevo estas ideas a grupos de personas en todos los países de habla hispana buscando compartir la consciencia SOMOS.

He creado un sistema de capacitación de esta herramienta y contamos con facilitadores por todo el mundo.

GRACIAS. De corazón a corazón.

Otros libros de la autora

- Conocés el secreto, ahora podés aplicarlo
- Conducción de mandos medios
- Elijo ser Luz
- Todos somos adictos
- Semillas Estelares, mi experiencia con Dolores Cannon.
- Semillas Estelares, el desafío de ser humano.
- Semillas Estelares, el momento de la acción ha llegado.
- Semillas Estelares, somos multidimensionales
- Recupera tu Alma

CONTACTO

Claudia González De Vicenzo

www.claudiagonzalezdevicenzo.com.ar

www.conexioncuantica.com.ar

claudiagonzalezdevicenzo@gmail.com

+54911 4421 8904

Instagram: ClaudiaGDV

Facebook: Clau González De Vicenzo

Facebook: Claudia González De Vicenzo

Canal Telegram: ClauGDV1311

www.ingramcontent.com/pod-product-compliance
Lightning Source LLC
Chambersburg PA
CBHW020909160726
47993CB00005B/1891